椰城一簾煙雨

聞喜 著

台灣武打影星劉皓怡小傳

① ② ③

① 劉皓怡主演的首部電影《俏師妹》。
② 劉皓怡的側踢，刊載於雜誌上照片。
③ 電影《奇門醉天師》劇照。

① ②
③ ④

① 劉皓怡的父母親結婚照。
② 劉皓怡與「中華國術會」首任理事長、警備總司令陳守山（中）、師父高道生合影。
③ 在「中廣」主持對大陸的廣播節目《為您歌唱》。
④ 童年劉皓怡拜高道生為師。

① 少時劉皓怡在家練鋼琴。
② 劉皓怡和父母兄姊的合家照。
③ 歌劇《夕鶴》海報。
④ 劉媽媽（中）登台票戲。

①
②

① 劉父（中）與郁慕明（左一）、朱惠良（右一）等合影。
② 小哥劉昶與郁慕明大哥合影。

① ②

① 中影培訓班。前排左起：劉皓怡、華方、胡慧中、張純芳、沈婷、蘇明明。後排左起：賀軍政、王復室、崔浩然。

② 從台北松山機場出發參加哥倫比亞影展的劉皓怡（左起）、胡慧中、張法鶴、劉夢燕、吳思遠。

① 藝人合影。後排左起：聶仰賢、凌風、王道、劉皓怡、秦漢、劉延芳。前排左起：張純芳、鄧美芳、蘇明明、明驥（中影總經理）、周丹薇、恬妞、徐中菲。

② 參加哥倫比亞影展。左起：上官靈鳳、劉夢燕、劉皓怡、胡慧中。

③ 出席剪彩活動（左起）：秦漢、林鳳嬌、劉皓怡。

①
②
③

① 韋振甫片場探班與劉皓怡握手。（剪報）

② 參加巴拿馬影展。劉皓怡（左起）、王寶玉、秦祥林、燕南希、蘇明明。

③ 劉皓怡給007「大鋼牙」理查・基爾的回旋一腳

① ② ④ ③

① 劉皓怡與葉倩文在攝影棚外合影。
② 陳勝福婚宴現場。作為孫翠鳳伴娘的劉皓怡（右一）與媽媽。
③《辛亥雙十》劇照。右起：狄龍、劉皓怡、王道、爾冬陞。
④ 丁善璽導演在片場為劉皓怡整理衣袖。

① 為電影院剪彩。左起：王道、徐楓、鍾鎮濤、張艾嘉、恬妞、辜嚴倬雲（辜振甫夫人）、劉晧怡、蘇明明、于珊、王復室等影星剪彩。
② 《浪子鷹娃》劇照。
③ 《少林童子功》劇照。

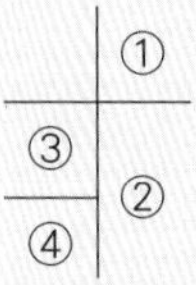

① 劉皓怡常常因為拍武打戲受傷。
② 兩位主角劉皓怡與袁日初，穿戲服「拼車」，奔走於兩個片場之間。（剪報）
③ 劉皓怡與莊泉利拍攝《浪子鷹娃》。
④ 劉皓怡與馬景濤《揮劍問情》劇照。

①	②
③	④
⑤	⑥

① 劉皓怡與歌林唱片公司經理黃介明公開簽約。（剪報）
② 劉皓怡個人專輯唱片。
③ 秦祥林、劉皓怡、呂秀菱參觀新加坡南洋商報。
④ 劉皓怡在《揮劍問情》中女扮男裝。
⑤ 劉皓怡製作並主持電視節目《國術天地》。
⑥ 劉母始終陪伴著女兒在演藝圈發展。

①
②
③

① 劉皓怡與先生在父母陪同下在台北市地方法院公證結婚。
② 劉皓怡一家四口與家婆、小侄女合影。
③ 劉皓怡生二胎時，父母在印尼陪伴坐月子的女兒。

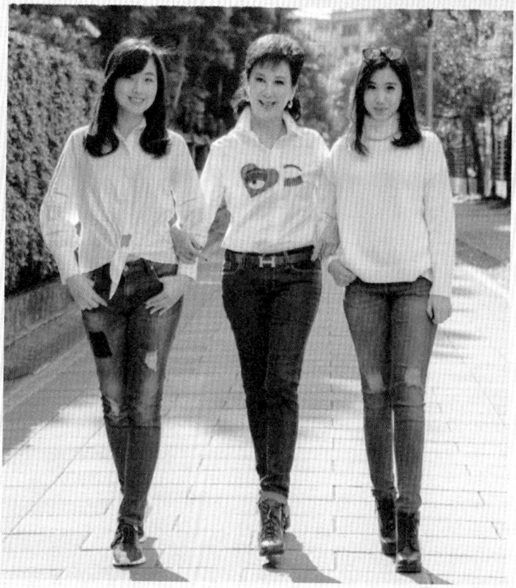

①
―
②

① 劉皓怡合家照。
② 劉皓怡與兩個女兒走在台北街頭。

① 劉皓怡練習書法。
② 陳先生接受臺灣駐印尼代表張良任頒發「僑務促進委員」聘書。
③ 劉皓怡的部分古玉收藏。

---

① 劉皓怡書法作品，文徵明《千字文》。
② 劉皓怡的仕女圖。
③ 劉皓怡草書作品，明代．張弼《蝶戀花詞軸》

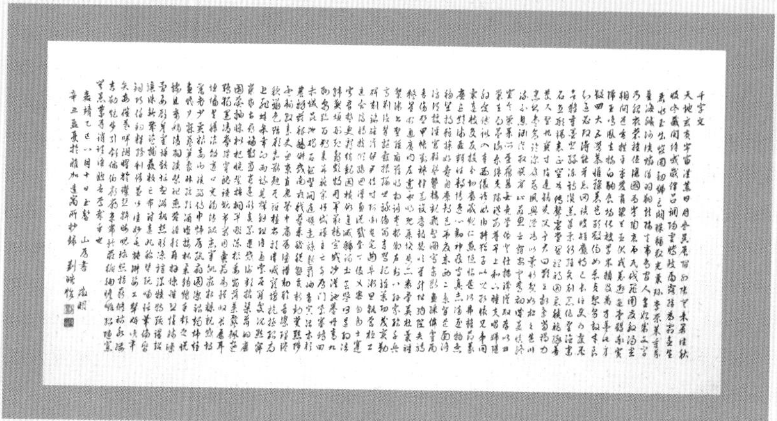

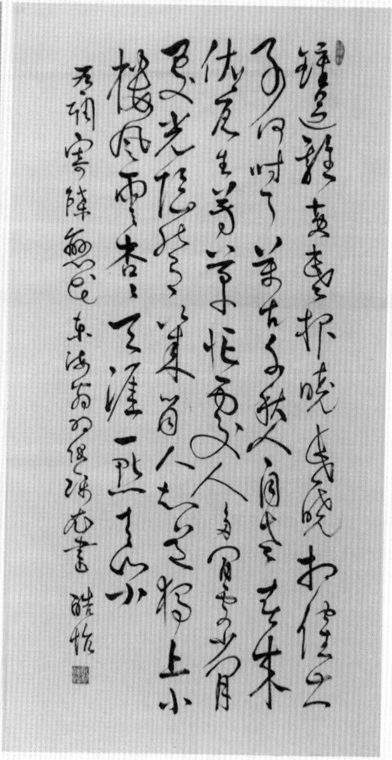

①

②

③

① 劉皓怡與同樣遠嫁印尼的台灣藝人白嘉莉在一次活動中合影。

② 在台灣與圈中老友相聚。左起：大百合、劉皓怡、蘇明明、金佩珊、張富美。

③ 左起：張富美、程秀瑛、劉姐姐、劉皓怡、上官明莉、王芷蕾、邵佩玲台北聚會。

前言

自一九八〇年起，在印尼華人圈，「劉皓怡」這個名字便時有出現。最初，劉皓怡是受邀前來參加影展或登台作秀的台灣影星。嫁到印尼，這裡就成了她的第二故鄉。

作為將軍之女的她，在台北一個空軍眷村長大，父母俱已亡故，現在她即便回到台灣，也找不到自己的家了。皓怡的兩個女兒沒有她那樣的台灣情結，她們心靈的歸宿在印尼。

一個在父母嚴格家教中成長，在大銀幕上雁過留痕的女孩，一朝息影，遠嫁他鄉，命運就把她帶到一個未知的方向。

活躍於四十年前的一代影星，都處於退隱狀態，不再演繹別人的命運，而他們自己的人生故事，或許更加曲折生動，耐人尋味。

皓怡回首往事，從台灣到印尼，有精彩，有傷痛，有愉悅，有遺憾，跌宕起伏，悲喜交織。無論生命走到哪一個階段，她都不辜負自己，不辜負時光，總能隨緣就分，風雨自安。

由於從小習武，長期運動，讓耳順之年的皓怡，仍保持著健康體態，精力較一般人充沛。偶爾出現在華人朋友圈，不施粉黛，亦難掩昔日的明星風采。

「椰城」雅加達北區，繁華昌盛之地的Pantai Indah Kapuk（卡普克美麗海濱），有一個鬧中取靜的ＰＩＫ高爾夫社區。先夫走後，皓怡便移居此處。

時光繾綣，歲月生香，人生的每一瞬間都有它存在的價值。皓怡常常獨處於寓所中，窗外椰風陣陣，蕉雨瀝瀝，窗紗舞動著一簾煙雨……

目次

第二章 >>> 眷村雛鳳

第三章 >>> 銀幕嬌娃

第四章 ＞＞＞星光熠熠

第一章

武林公主

一　中華國術會

劉皓怡是一名武打明星，當年武俠片女主角的不二人選。出身於武林的她，是不多見的有真功夫女演員。「文有林青霞，武有劉皓怡」，媒體的這一說法，見證她在台灣影壇的地位。

皓怡是台灣「中影」簽約演員。「中影」即「中央電影公司」，與「中國電視公司」、「中央廣播電台」，合稱「三中」。中影時任董事長辜振甫，即「汪辜會談」達成「九二共識」的台灣海峽交流基金會會長。

皓怡同時也與「中視」簽有合約，因加盟中影，以電影發展為主，不宜在電視劇中過度曝光，故未接拍中視電視連續劇。皓怡還為「中廣」客串播音，主持一檔對大陸廣播的演藝節目。

皓怡並非靠武功被中影招募旗下，而是以她的表演天賦為自己贏得機會。一九七八年中影公開招收學員，皓怡在兩千餘位報考者中，經過四輪甄選脫穎而出。被錄取的九個人，接受了三個月的專業培訓。這是中影舉辦的第八期演員訓練班，也是人數最多的一次。

培訓期間，皓怡沒有展露她的武林絕技，她甚至沒有想到武功與拍電影有什麼關係。當年的十月五日，九位學員參加獨幕劇《接觸》的結業匯報演出，皓怡順利地與中影簽約，成為中影旗下的基本演員。

與皓怡同一批參加中影培訓班的還有張純芳、蘇明明、胡慧中、華方、劉德凱、崔浩然等，後來他們都成為台灣演藝界知名藝人。在獨幕劇中，皓怡與張純芳搭檔飾演一對母女，皓怡的表演可圈可點，備受外界好評。

皓怡與中影簽約不久，便代表「台北市國術會」，在台北參加一次義演活動。中影也由副總經理張法鶴帶隊共襄盛舉。當皓怡登台表演功夫時，台下的張法鶴大吃一驚。「這不是我們剛剛簽約的演員劉皓怡嗎？想不到她還有這麼好的武功！」他正發愁這次招募的演員都只能演文藝片呢！

張法鶴的這一發現，讓皓怡就此走上武打演員的路線，確立了她未來在大銀幕的形象定位。

皓怡從影時間不長，前後共有九年，主演或參演十二部電影，主演一部電視連續劇，出版發行一張黑膠唱片。唱片其中一首歌，因題材敏感曾被禁唱，一位立法委員為此還在台灣立法院提出質詢。

最值得一提的是，受中華國術會委託，有「武林公主」之稱的皓怡，回歸本業，發揮她跨界的優勢，製作、主持加表演，推出一季十三集電視片《國術天地》（公共電視出品）。門派林立的中華武術，在皓怡的運籌之下，精彩紛呈。

「武林公主」的稱號是「台北市國術會」所封，理事長黃善德在簽署的褒獎函中，首次稱「武林公主——劉皓怡」，讚揚她「發揚國粹，身手不凡」。皓怡參加過許多國術比賽或觀摩賽，屢次獲獎。在第五屆世界國術大賽中，皓怡應邀表演飛虹劍及大刀技法，身手利落輕盈，博得廣泛好評。尤其是皓怡通過電影表演、海外登台，為推廣國術做出突出貢獻。

「中華國術會」（總會）首任理事長是時任台灣警備總部總司令的陳守山。皓怡是總會的常務理事。當時台灣還未廢省，有省國術會和各縣市國術會，後來才有了「中華國術會」（總會）作為總領機構。陳守山是赴大陸參加抗戰的原籍台灣人士，在台灣德高望重。皓怡的常務理事證書就是由陳守山簽發。

電視片《國術天地》除了在台灣島內引起熱議，也在美加、中南美洲和東南亞多國播出，是繼李小龍功夫電影風靡全球之後，首次在國際上從理論到門派系統地介紹中國功夫的影像作品，是一次對中華武術的大力弘揚。

二　皖北佳麗

「爸爸，我們老家太和屬於皖北嗎？」劉皓怡問爸爸。

「是呀，阜陽一帶在淮河以北，屬於皖北地區。」爸爸說。

皓怡拿出一份當天的《中國時報》給爸爸。台北市舉行國術錦標賽，皓怡憑著一套「赤兔趕月劍」，奪得女子組冠軍。記者問她祖籍是哪裡，她說安徽太和。在第二天的媒體報導中，都稱她是「皖北佳麗」，讓她頗感新奇。

西方人接觸中國電影是從武打片開始。李小龍將功夫電影發揚光大，風靡世界。七〇年代後期，港台武打片開始走下坡路。題材老套，情節了無新意，武打動作多用替身演員。袁和平起用成龍做主角，開創了武打新片種——喜劇功夫片。《少林寺》在大陸實地拍攝，專業武術運動員出演，全部真功夫。成龍電影《師弟出馬》和《少林寺》的上映，掀起一波又一波轟動效應。

劉皓怡就是在這樣一種背景下出道。她所拍的一些功夫電影，從片名就可以看出是處於這一階段，如冠以「少林」之名。皓怡主演的首部電影，最初片名叫《師妹出馬》，因台灣新聞局禁止跟風，不得冠以「出馬」，而易名《俏師妹》。

皓怡出身於武術世家。其祖籍地安徽省太和縣有習武傳統。抗戰期間，毅然投軍的劉父，雖然精於駕駛戰鬥機，卻疏於習武。隨國軍退守台灣，生活安定之後，才重拾武術，傳承家風。

劉父讓子女所拜的師父，是後來成為台灣「一代國術宗師」的高道生。高道生當年也是一名熱血青年，一九三七年五月抗戰爆發前夕從軍入伍。他來自武術極盛的山東青島，在軍中作為武師，頗有知名度，深得劉父的賞識。

劉父在台北空軍眷村的住房有前庭後院。高道生一九六一年退役，劉父幫助他在自家後院掛牌成立「新生國術館」。皓怡的哥哥、姐姐都拜高道生為師習武，以「師父」相稱。皓怡耳濡目染，六歲就躍躍欲試。師父說，中國功夫講究柔韌性，宜從小練起。

高道生擅長的長拳、螳螂拳和地趟拳，都屬於北少林拳法，數百年間，流行於膠東一帶。高道生的師父是武林一代名師王松亭，人稱「鐵胳臂」，是長拳螳螂門的掌門人。新中國成立後，王松亭率青島國術館多名徒眾，輾轉赴台，以傳承中華武術為己任。高道生師承王松亭，結緣於青島國術館。王松亭也曾在皓怡家教習武術，皓怡的哥哥、姐姐稱之為「師爺」。王松亭還擅長各種兵器，皓怡練得一手嫻熟的雙節棍，就是由師父傳授的師爺功夫。後來赴海外登台表演，皓怡經常隨身攜帶一副雙節棍。

當年男演員拍功夫片常用替身，更何況是女演員。因此皓怡的出現，自然被中影當成一塊寶。中影雖然負有拍攝教育片的使命，但也有走市場的規劃，其中包括拍攝武俠電影。功夫片雖處於低潮，但在海外仍有市場。

隨著幾部電影的公映，皓怡在東南亞聲名鶴起，多國都有「劉皓怡影迷會」。印尼對皓怡來說，本來完全沒有概念，隨著赴巴厘島參加亞洲影展、多次獲邀在雅加達登台作秀，讓她對這個華人眾多的國家，有所了解並產生好感。皓怡頂著「台灣女星」、「影壇俠女」的桂冠，頻頻出現於印尼。她跑一趟印尼，登台表演十幾場或二十場，都是個人秀。

每當台灣記者見到從印尼回來的皓怡，都詫異她這麼快就把事業重心轉移到東南亞，於是無中生有地製造出緋聞。皓怡和作為「星媽」的劉母，看到報導嚇一跳，不過也知道是媒體「亂寫」博眼球，便一笑置之，並不理會。

所謂緋聞男友，完全是捕風捉影，並非皓怡後來的「真命天子」。不過那個時候，她與在新加坡做業務的未來夫婿，也只有一面之緣。皓怡在感情上是慢熱之人，當媒體追問感情之事，她回答「現階段仍以事業為主」，並非搪塞。習武之人直來直去，她心裡怎麼想，就會怎麼說。

媒體所傳的這個男星莊泉利，是一個應該被寫入印尼電影史的人物，曾經一度走紅港台，是炙手可熱的「過江龍」。作為帥哥型的武俠男星，在港台擁有一大批女粉絲，而他本人也喜歡「埋在脂粉陣」（港媒用語）。袁和平想把它塑造成「新成龍」，合作拍攝過一部電影後，了解到他的秉性，大失所望。袁和平說：「如此打星，再花心血栽培也無用。」據說，莊泉利拍片經常耍性子，動不動就跑回印尼，讓製作人找不到他。

莊泉利出生於中爪哇省馬格朗市華裔家庭，印尼幫洪拳子弟功夫冠軍。一九七七年赴港發展，以「功夫小子」的形象，出演首部電影《黑帶空手道》。到一九八三年，拍了十多部港台電影。隨後，他從港台電影圈銷聲匿跡，投身於印尼電影界，自成一番事業。

當皓怡嫁到印尼，成為「陳太太」後，有一次在雅加達一家餐廳，與莊泉利不期而遇。

三 抗戰老兵

一九五〇年四月的一天，一艘運兵船航行在南海。從海南島出發駛往台灣。高道生就在這條船上。他們是國軍三二軍的一部分。

一九四九年春，國民黨軍為了加強後備力量，在山東地區以部分地方武裝為基礎，組建三個師，合編為三二軍。山東籍高道生作為一九三七年的老兵，奉調到三二軍。當年五月，該軍由青島海運至廣東，參加廣東戰役。後撤退至海南島。在海南島戰役中，三二軍一個師被解放軍全殲。於是軍部和另外兩個師，乘船撤退至台灣。

運兵船抵達高雄港，高道生踏上這片陌生土地，心中不免一陣茫然。經過海上的顛簸，他覺得嘴裡甚是無味，便買了一大袋白糖。久違的甘甜滋味，讓他確認自己的味覺仍在，頓時喚起他對生活的信心。身邊的山東兄弟一擁而上，搶食白糖。

經過整編，高道生被歸入高雄要塞司令部，後又轉調到陸軍總部康樂大隊，成為一名專職武術教練。在一次軍中比武中，高道生與劉皓怡父親相識。他們雖然來自不同的省籍，但同為抗戰老兵，又都熱衷於武術，因而一見如故，情同手足。

劉父畢業於中央航空學校，是第一〇期航空班轟炸科學員。蔣公介石親自擔任航校校長，曾與宋美齡一同視察學校，檢閱學員。在日軍佔領杭州前，校址在杭州筧橋，後遷往廣西柳州。杭州筧橋是中國空軍的搖籃，原址後被列為全國重點文物保護單位。

劉父同班學員有相當一部分陣亡，劉父屢次奉命駕駛戰鬥機，執行對日軍的轟炸任務，可謂九死一生。由於當時的戰鬥機來自不同國家，炸彈種類、飛機零件，五花八門，給訓練和實戰造成相當大的難度，其中一些學員是在訓練時墜機身亡。

「我活著的每一天，都是賺來的。」劉父很珍惜現在的生活，他常對孩子這樣說。

在一次對日作戰時，一顆砲彈落在劉父身邊爆炸，戰友身受重傷。

「我的屁股炸沒了！」這位戰友對劉父說。

劉父小心翼翼地查看之後說：「屁股還在！」

劉父雖家在農村，家道還算殷實，有讀書識字，只是未曾出過遠門，見識極其有限。一九三六年，他受遠房親戚的影響，報考航空學校時，甚至不知道飛機是什麼，別人說是天上飛的，他還以為是雲彩。

劉父考航校有一個插曲。在考場上，他做完大部分試題，正在思索一道難度較高的試題時，身後一位考生一邊寫著這道題的答案，一邊嘴裡念念有詞。劉父聽得真切，茅塞頓開，於是提筆發揮，完成答案。

劉父接到錄取通知書，入學成為中央航校的一位學員。正是全面抗戰前夕，中國大地上戰雲密布。劉父於當年十二月入學，翌年五月完成入伍生教育。一年後日軍攻占杭州，航校遷往柳州。一九三九年七月一日，第十期航空班畢業，學員隨即投入到抗戰前線。

抗戰勝利後，劉父奉調回南京，與來自北平的知識女性劉母結婚。與劉父不同的是，劉母出身於書香門第，祖籍山東省沂水縣，生長在北平。抗戰爆發，劉母隨家人撤至重慶，在重慶就讀於國立女子師範學院，專業是中國歷史。該學院為國統區最高女子學府。

皓怡有一哥一姐出生在南京，大哥出生於一九四六年，排行老二的是大姐。大姐出生不久，便過繼給皓怡的舅舅。國共內戰，兵荒馬亂。在倉皇撤離時，劉父、劉母只帶出大哥，來不及接走大姐。劉母回憶說，當年逃難，歷經千辛萬苦，她曾在火車車廂下面藏身。

由於在空軍服役的便利，劉父是乘飛機偕家帶眷飛赴台灣。一直在軍中供職的劉父，赴台後念念不忘重返大陸。劉母要在台北置業，均遭劉父拒絕。劉母當年看中的產業，後來都無限增值了。

推動中華武術的發展，是劉父中晚年一個顯著作為。他在住家後院幫助高道生開設武館，招收徒弟，傳道授業。王松亭、高道生師徒兩位高人搭檔，有力地促進了國術在台灣的傳播。雖然斯人已逝，現今其徒子徒孫，分門別派，多成氣候，國術運動，蔚然成風。兩岸開放後，武術成為兩岸民間交流的重要橋樑。

高道生首次受邀來皓怡家中，就是與他的師父王松亭一道。高道生妻小都在大陸，隻身漂泊台灣。自從在劉家後院掛牌「新生武術館」，就居住在劉家。劉父一舉兩得，既為發揚國術做出貢獻，也方便子女每天習武。

劉父對皓怡哥哥、姐姐說：「投師如投胎，你們要有投胎再造的決心，才能跟師父學到真功夫。」

自此，劉家前庭後院，每天「嗨嗨」聲不斷，儼然成了一個武館。劉父、劉母也操練起太極拳。尚在幼稚園的皓怡，則跟著紮馬步。

四 長拳螳螂門

一九七九年台灣媒體CTV雜誌，在一篇《劉皓怡與中國功夫》的封面報導中，有這樣一段記述：

為了強身，身為么女的劉皓怡，從小就隨家人練國術，她的爸媽練的是太極拳，兩位哥哥、一位姐姐和她，練的則是屬於北少林一派的長拳螳螂門。十多年來，她從長拳螳螂門總教練高道生那裡，學會了刀、槍、劍、棍、鈎、雙節棍、峨嵋刺、月牙等十八般武藝，每天起碼練上兩個鐘頭，一直不曾間斷。

劉皓怡的老師高道生是台港澳的國術擂台冠軍，他的這位女弟子也不弱，年紀輕輕的就成了長拳螳螂門的教練委員以及太極拳委員會的顧問。

「CTV」是「中國電視公司」的簡稱，劉皓怡是中視簽約藝人。晉升長拳螳螂門教練委員時，皓怡才二十歲出頭。「自古英雄出少年」，她十幾歲時已把螳螂拳練得爐火純青，頻頻登台表演並獲獎。

皓怡跟著大人紮馬步時，只有五六歲，七歲多便正式叩頭拜師學武。父母一直把武術傳承的希望，寄託在皓怡哥哥、姐姐身上，沒想到更小年紀起步的麼女，卻得到真傳。

皓怡至今還保存著一張跪地叩頭拜師的照片。照片上，皓怡一頭濃密的長髮，頭上紮著髮箍，穿著呢子料的上衣，面帶喜色，一臉天真。師父高道生坐在折疊椅上，穿著西裝，未打領帶，白襯衣，小平頭，濃重的眉毛，長方型臉。手上拿著一張紙，低眉垂眼，像在宣讀什麼。案上供著王松亭的靈位，上書「武聖先師之靈」。

父母與哥哥、姐姐都在場見證這一幕。隆重其事，是為了明志篤行。一方面師父真心收徒，傳授技藝；另一方面徒弟誠心拜師，不輕言放棄。

拜師前，高道生在教習皓怡哥哥、姐姐時，會對跟在一旁的小妹點撥一二。皓怡學來並不太費工夫，尤其是紮馬步，又穩又牢。「要學打，先紮馬」，紮馬步是任何門派都要練的基本功，底盤穩，出拳才有力。孺子可教，遂收為徒。

皓怡成人後，參加武術表演或比賽，多有斬獲。其實她本人對比賽不太關注，常常是師父為她報名，她以平常心參賽，反而沒有壓力，發揮得更好。

有一次，在台北舉行中日國術表演會，皓怡登台表演螳螂拳，動作乾淨利落，舉手投足，都充分錶現出力與美。媒體報導稱，現場三十多名日本大學生，對劉皓怡的表演大為讚賞，掌聲連連。

高道生不只是教功夫，也在塑造一個人的品格。嚴師出高徒，劉父曾對高道生說：「不要因為我們是兄弟就有所顧忌。孩子交給你，該打該罵由你！」劉父當年因為投軍，把兒時所學武功荒廢了，但習武之人那種勇猛的精神，已融入血液。

皓怡兒時習武，已有乃父之志。無論父母還是師父，都教導她凡事要堅強面對，痛了也不要叫出聲。小時候打預防針，她會想：「打針有什麼可怕！」看到別的孩子哭，就覺得好笑。後來拍戲，再危險的動作都親自上陣，很少用替身，受了傷也堅持把戲拍完。

高道生師承王松亭的螳螂拳，結合長拳精要，自成一派，故稱「長拳螳螂門」。長拳螳螂門是對中國傳統武術拳法螳螂拳的發展。

明末清初的山東人王郎（即王文成），年少時赴少林寺習武。有一次，他看到螳螂捕蟬，靈巧而又激烈，以草戲螳螂，更見其進退有據，擒縱得法，且長短兼施。故根據螳螂攻防動作，編製了一套拳術。經過數年不斷豐富和改進，在實戰中具有明顯優勢。長拳是中國北方自古流傳的拳術。其快如流星，勢如閃電，可以遐舉遙擊，進退疾速，遠則取其勢，近則取其質，橫斜回環，連綿不斷，故謂長拳。

台灣武術界對高道生的長拳螳螂門派，推崇備至。二〇一七年四月三十日，在高道生百年冥誕之際，舉行了一場長拳螳螂門四十週年慶。除了本島徒子徒孫踴躍參會，還有來自日本、東南亞及歐美的門徒。

應師弟邀請，皓怡專程從印尼赴台參加紀念活動。她登台致辭時，回顧往事，重溫舊情，緬懷師父的英靈。

媒體報導稱，在高道生眾多弟子中，難得練就劉皓怡這樣一位「武林公主」，可謂巾幗不讓鬚眉。

一九六一年某一天，對武林高手常懷敬畏之心的劉父，雇了一輛車，恭恭敬敬地接載王松亭、高道生來到空軍眷村。師爺和師父在院中教習皓怡大哥、姐姐武術時，劉母就在廚房準備酒菜。

吃飯的時候，一桌四個大人，三個山東人，一個安徽人，大家吃著菜，喝著高粱酒，操著各自方言，談古論今，盡歡而散。

台灣於二〇一八年出版一本書《鐵胳臂王松亭》，稱其為「一九四九年大陸來台第一高手」。王松亭，生於一八九三年，山東省福山縣人，自幼對於讀書毫無興趣，因此棄文學武。時值清末，國術盛行一時，遂不圖科舉，考武狀元，也求健身自強、保衛鄉土。

一九五五年，台灣首次舉辦國術比賽大會，地點在台北「三軍球場」，為台灣第一次公開比武。王松亭技壓群雄，成為當之無愧的「國術第一高人」。王松亭還曾與美國黑人拳王在台灣打擂台。

一九六四年，王松亭在台灣病逝。

五　一代國術宗師

比王松亭小二十二歲的高道生，山東即墨人，童年時其父在青島開鐵鋪，乃從居青島，才有機會與師父結下國術緣分。高道生是王松亭第一大弟子。

高道生有意開館授徒，劉皓怡父親義不容辭。按照劉父家鄉安徽太和的習武傳統，凡有些家資的人家，都會延師至家中教習弟子學武。劉家後院臨街，有一間閒置房，很適合作為武館。於是劉父騰出後院與閒置房，並在閒置房隔出一間，作為高道生的臥室。師父長住家中，也方便子女朝夕請益。

在王松亭的支持下，劉家後院外牆掛出「新生國術館」的招牌。一陣鞭炮聲之後，慕名而來的習武者，當堂行過拜師禮。劉父與高道生的軍中好友，咸來捧場，共襄盛舉。鄰近武館也造訪交流，向武林高人表達敬意。這一天是一九六一年四月一日。

高道生住在劉家，對飲食要求不高，只要有麵食就好。一個饅頭或大餅，夾著大蔥，蘸著麻油、醬油，再喝一碗蛋花湯，吃得就很高興了。高道生邊吃邊說：「吃好喝好不想家！」

劉家是北方人飲食習慣，以麵食為主，常吃饅頭、包子，還有鍋盔、槓子頭等。別看高道生舞拳弄棒，像個粗人，手上功夫也不錯，會揉麵，醒麵，包包子，做花卷。包子一蒸就是一大籠。在小皓怡眼中，那個籠屜很大，師父把它從鍋上端過來，反扣在桌子上，滿滿一桌，香味四溢。

皓怡兄妹像敬奉父親一樣敬奉師父。閒暇之餘，高道生會給孩子們講述自己在大陸的故事，在高雄碼頭登岸買糖吃的經歷，就是其中一個有趣的環節。

師父兒時不喜讀書，常爬屋頂，沒少被當鐵匠的父親打罵，便離家跑去學武了。高道生平時要靠劉父、劉母和皓怡兄妹幫忙讀寫，後來由徒弟幫他編纂書籍和記錄日程。劉家子女有教師父識字，高道生勤學不輟，日有長進。

起初父母並沒有把皓怡規劃進家庭習武計畫，沒想到「無心插柳柳成蔭」。每天晚上吃完飯，小皓怡就開始扎腰，跟著師父到眷村對街的國小操場習武，壓腿、站馬步、練拳。大哥和姐姐由於忙於學業，習武時斷時續。皓怡和小哥劉昶卻有更多時間，日日操練，鮮少中斷。兄妹後來共同製作系列電視片《國術天地》，可謂學有所用，貢獻社會。

高道生為了弘揚師父王松亭螳螂拳的真傳，將「新生國術館」易名為「北少林長拳螳螂門」。劉父幫助登記註冊，並於一九六六年五月七日正式揭牌。「北少林長拳螳螂門」武館運作至今，由高道生的徒弟和再傳弟子經營，風行島內，名揚海外。

高道生的徒弟越來越多，平時教習，會在劉家後院，正式操練，就徒步走到國小操場。如果學校放假關門，就轉場到新公園（今「二二八公園」）。在公園練武，有很多路過市民圍觀，包括一些外國人。於是就有外國青年向高道生報名學武。

少年氣盛的眷村子弟，偶有在外自立幫派門戶的現象。高道生一向以德服人，廣受武林人士尊重。若兩派發生衝突，就會特別來告訴師父，不要插手。幫派發生火拚時，會操傢伙，動刀子。高道生總是出面調停，化解衝突。台灣現在的幫派，多由當年眷村子弟創立。

皓怡大哥擅長雙節棍，姐姐精於劍術。大哥練雙節棍，練至兩臂暴長，如虎添翼一般。皓怡的雙節棍技法，僅次於大哥。若有一副雙節棍在手，幾個大漢也奈何不了她。

高道生常常應邀帶團登台表演，皓怡大哥每每表演雙節棍，小哥表演套拳或兵器刀棍。相關活動大多屬於慶典助興。島內外武術團體時有互動，多為友好交流，比賽打擂台也有舉辦。晚年的高道生，有時會應邀下場表演。

高道生在武術界的知名度日盛，台灣有八所院校的武術課聘請高道生教習，分身乏術，他有時不得不讓弟子代勞。隨著皓怡武俠片帶來的影響力，圈中同好也慕名而來，拜高道生為師學武，其中就有張玲、王道、李志希與李志奇兄弟、鄭平君、趙中興導演等演藝界人士。

高道生還帶隊出境進行武術交流活動，包括受日本武術界邀請赴日交流。皓怡哥哥、姐姐與媽媽，都曾跟隨前往日本。

數十年下來，高道生桃李滿天下，終成武術界「一代國術宗師」。台灣曾出版由林昌湘著述的書籍《一代國術宗師高道生》。

台灣「青島武館」連年在淡水舉辦「道生杯」錦標賽，至疫情暴發前的二〇一九年，已經舉辦十一屆，並且發展成國際賽事。除了本島武林高手，還有來自歐美和日本的團隊，第十一屆報名參賽者超過六百名。「道生杯」錦標賽，發揚高道生自強不息的武術精神，讓中華武術更進一步走向國際。

當年隨軍撤離到台灣，高道生妻小撇在大陸。直到兩岸通航，骨肉才得以團聚。高道生晚年，兒子、兒媳、孫子都曾來台灣居住，小孫子還留台長住。

二〇〇八年十二月十八日，高道生終老於青島，享年九十三歲。昔日抗戰老兵，終能魂歸故里。

六

兩岸骨肉情

「帶我回去吧帶我回去吧／我聞到故鄉泥土的芬芳／帶我回去吧帶我回去吧／我聽見母親呼喚兒回故鄉……」

台灣歌手任賢齊這首《老張的歌》，是以眷村生活為背景，為其父和台灣老兵們所唱，道出當年眷村人在「原鄉」與「現實」之間掙扎的心態。

劉皓怡排行老小，家人稱「小妹」。她與姐姐、二哥一出生，命運就被注定了。出生在外鄉，生活在台灣，對原籍一無所知。姐姐在台灣出生較早，當時父親還沒有調動到台北。二哥與皓怡出生在台北，他們倆與大哥與姐姐年齡差距比較大。只有生在大陸的大哥，對南京留有些許印象。沒有被帶出來的大姐，則音訊全無。

眷村，軍眷住宅區，媒體報導時多稱「軍眷村」，是遷徙至台灣的國民黨軍及其眷屬的生活基地。眷村走出大量名人，包括演藝界名人，形成一種特有的「眷村文化」。

眷村遍及島內，多達五百多處。台灣光復不久的一九四六年，台灣人口約六百一十萬，一九四九年與一九五〇年，大陸移民有一百五十萬，一說近二百萬。日本殖民五十年，三十多萬日本移民，加上後期「日本化」皇民教育，模糊了台灣人對中華民族的認同感。眷村大陸移民把中華文化重新帶進寶島。

皓怡的家所在的台北空軍眷村，位於台北南機場（原日據時期機場），公交車站有一個「南機場」站名。那一帶的眷村，連綿數里，公交車有好幾站。

劉父剛赴台時，隨軍駐守在台南，居住在水交社空軍眷村。水交社是日式宿舍建築，曾是日據時期駐防飈南機場的海軍航空隊宿舍。國民政府遷台後，水交社由航空委員會（空軍總部前身）派員接收，並成為四四三聯隊的基地，水交社陸續興建更多眷舍，以提供給國軍官兵及眷屬居住。

劉父從台南調動到台北，住進台北空軍眷村。劉家在眷村的一個角上，房前屋後比較寬敞，後院臨街。住房有客廳、中廳、若干臥室，還有前院、中院、後院。皓怡兒時曾在中院養烏龜，在前院養鴿子、養狗。一度也養過雞，是那種白色絨毛的烏骨雞。

皓怡家的生活條件較寬裕，從家用電器就可以看出。皓怡出生時家裡就有半導體收音機、留聲機，讀小學時，買了黑白電視機。劉母怕影響孩子的學業，限制他們看電視的時間，允許週末看半小時。

家中有電話、冰箱和冷氣機。冰箱產自美國。在皓怡小孩的眼中，感覺冰箱很大。冰箱剛搬到家時，沒有什麼東西可凍，劉母就凍冰塊和甘蔗給孩子吃。皓怡小學同學沒有見過冰箱，曾來家中看此稀罕之物。

劉父天天上班，穿軍裝出門，至晚方歸。劉母是家庭主婦，煮飯做家務。家裡有請傭人，是住在附近的「歐巴桑」（日語發音，指大嫂、阿姨等中老年婦女）。歐巴桑每天早上來洗衣服，打掃衛生。洗好的衣服曬在院內竹竿上。眷村偶有小偷「光顧」，甚至潛入廚房偷花生油。為了偷東西，會把家裡養的狗先毒死，以免狗吠驚動村裡人。歐巴桑曬在院內竹竿上的衣服，也曾被小偷偷走。

眷村人領取糧食與副食，要用眷補證。為了照顧軍人和眷屬生活，眷補證印有糧票，用以兌換糧油和副食品。皓怡有印象，每當大卡車滿載物資來到眷村，卡車周圍就擠滿人。買煤有煤票，後來煤票改成煤代金，如果用不掉，可以兌換現金。

皓怡家裡平時伙食有魚有肉，有雞鴨，有香腸，但分量有限，只是不缺。劉母很注意子女的健康，菜色營養，安排得很均勻。偶爾有親朋好友結婚，父母會帶皓怡和小哥參加，宴席上的大魚大肉，讓孩子一飽口福。逢年過節，家中才有豐富的佳餚。

劉母採用傳統方式自製臘肉與香腸。有時遇到陰天和雨天，只能將臘肉與香腸晾在飯廳裡，用電扇吹，用電爐烤。媽媽做的臘肉與香腸很好吃。孩子們喜歡把切成片的臘肉，夾在饅頭裡，吃的時候，蘸著麻油、醬油，就著大蔥。這是媽媽老家山東的吃法。

劉母是知識分子，本不安於做家庭主婦。曾報考過廣播電台，並被錄用，但迫於照顧家小，最終還是放棄。後來又為出版社居家校正文稿，也沒有做太長時間。

劉家牆上掛著一幅很大的「海棠葉」中國地圖。劉父給孩子們講他的軍旅生涯，指給他們看祖籍地的位置——父親老家安徽太和，母親老家山東沂水。

每當爸爸講起過去的經歷，就讓媽媽傷心難過，她想念皓怡的姥爺和舅舅，和沒有帶出來的大姐。一條海峽隔絕了全部的音訊。原本的一家人，生活在兩個不同的世界裡。

不僅僅是劉家，這也是生活在眷村所有人的遺憾，他們想念家鄉，想念親人。這種遺憾日夜咬噬著他們的心。

七

「小中國」

隨著城市改造，原本的眷村大多被拆建。台北「南機場」眷村遷建殆盡。劉皓怡移民美國的大哥和二姐，想要重尋故地，甚至找不到舊宅的方位。正如他們的媽媽回北京找不到以前所居住的胡同一樣。

然而，一代人的記憶卻拆不掉，它深深地烙印在外省人的內心深處。眷村作為一個時代的縮影，不只有鄉愁，還有美好質樸的人情味。皓怡無憂無慮的日子，都是在眷村度過，是父母所給予的。

戒嚴時期國共勢不兩立，讓幼時皓怡與小哥對陌生的大陸充滿好奇。有一次趁著大人不在家，小哥用小收音機，找頻道偷聽大陸對台廣播，但頻道被干擾得很厲害，雜音很多，聽不清楚。不過當對岸播音員的聲音傳來，也是以國語發音，就很興奮。他們確信大陸的存在，聲音傳來的地方，曾是他們的家。而對播出的內容，他們並未在意，也不懂。

在兩岸沒有通郵、通航、通商的情況下，最有效的宣傳工具就是廣播，而報刊、書籍和傳單，都不易進入到對岸。從大陸空飄過來的傳單，幾乎都被當局沒收或銷毀。

成名之後，皓怡應邀在「中廣」主持一檔對大陸廣播的節目「為您歌唱」，她努力以柔和的聲音傳達台灣演藝界的訊息。在節目中播放流行歌曲和自己專輯中的歌曲，邀請藝人接受訪問。每次她都以「親愛的大陸同胞們」開始播音。「為您歌唱」節目一季十三集，每集四十分鐘。結果一季沒有做完，皓怡就因為拍戲忙碌而中斷。

兩岸分治的狀態，讓皓怡從懂事起就覺得生活彷彿缺了一角。

眷村基本上都是簡陋的臨時過渡房，因為當時的口號是「一年準備、兩年反攻、三年掃蕩、五年成功」。眷村一些土地是臨時租借，期限都是「到反攻大陸為止」。大陸移民來的時候，只帶一只皮箱，誰知一住就是一輩子。隨著形勢的變化，人口增長，臨時住所變成長期住宅，空間不敷使用，就不斷違章擴建。

眷村人來自五湖四海，年輕人多以普通話交流，長輩們則是南腔北調。有時遇到家鄉人，就會停下來聊幾句。聽到鄉音，就像打開陳年老酒，香味四溢，令遊子陶醉。皓怡的家常有父母的朋友來訪，大多是北方人，操著很侉的北方腔。

眷村按軍種分布，其中陸軍眷村最多，其他還有空軍眷村、海軍眷村和後勤眷村。皓怡的家屬於空軍眷村。空軍由於運輸的便利，軍人多是全家人遷台。空軍是「少爺兵」，待遇在各軍種中最好，眷村的條件也更好一些。

各眷村的低階官兵往往需要自謀生活，於是眷村開店做生意的人越來越多。除了雜貨店、副食店，還有名目繁多的小吃店，滿足了眷村人的生活所需。皓怡家附近就有一家山東饅頭店。

在眷村及周邊開設的小吃店，包子、水餃、油條、鍋貼、燒餅、槓子頭等麵食，應有盡有，而且招牌多掛大陸省份名稱。在大陸移民遷來之前，台灣人幾乎不吃麵食，市面上也見不到麵粉。台灣本省人都稱眷村是「小中國」。

皓怡小時候貪嘴的故事不少。還在上幼稚園時，一次皓怡偷拿了媽媽十元錢買糖吃。眷村有一個雜貨店，店主是侯爺爺。她買的彩色糖果球只要二毛錢，侯爺爺找回很多零錢。她不敢對媽媽說，把找回的錢放在客廳大門與紗門之間，然後自己就在院子裡吃糖。媽媽看到了，只是把錢收起來，沒有責罵她。皓怡則為此內疚了一輩子。

眷村常有外面來的小販，大多是踩著三輪車在村外叫賣。爆米花、花生糖等就會在村裡現做現賣，大人和孩子看著他們製作。還有一種麵茶，在炒過的麵粉裡放上糖，再淋上滾燙的開水。開水是從長嘴壺裡倒出來，壺嘴會發出嗞嗞的聲響。皓怡有一陣子酷喜吃麥芽糖，家裡的酒瓶和醬油瓶蓋，都可以換麥芽糖吃。於是，她就把家裡的瓶蓋收集起來。

皓怡和哥哥、姐姐過年都有新衣服穿，但每一次都要等到除夕要吃年夜飯時，媽媽才帶孩子們去買衣服、鞋子，因為那個時候最便宜。可見劉家雖然衣食無憂，但也不是可以任意花費的。

八

「豆汁兒會」

劉皓怡小哥劉昶還記得，媽媽曾把整支火腿，掛在門廊吹風。還從金門帶回來整隻野生大黃魚，肉質十分鮮嫩。這樣的大黃魚如今已不多見。

兄妹最開心的就是過年。一到過年，家人要進行大掃除、買年貨、做年菜。年菜十分豐富，有醬牛肉、醬肘子、滷豬蹄、豬蹄凍，也少不了滷豆乾、滷雞蛋、熏魚、炸丸子等。準備的年菜至少要吃到年初五。

父母擺貢品迎神，燒紙錢祭祖。全家齊聚吃年夜飯前，爸爸必在院門前放一掛鞭炮。孩子們守歲磕頭，拜年說吉祥話，收壓歲錢。院門的春聯，都是爸爸親自寫的。

眷村人來自五湖四海，春節習俗豐富多樣，給人滿滿的年味兒。

媽媽善於理財，算計著開銷。她先為支出做出預算，分出學費、醫藥費和吃穿用度等費用，盡可能地節省有限的收入，還要儲蓄一些，以備不時之需。父母常說，勤儉是中國人的美德，要懂得居安思危。

眷村人剛搬來時，不認識木瓜樹，就把房前屋後的木瓜樹都砍了，好騰出更大的空間。當地人見狀，就來把木瓜樹拖走。後來大家才知道，木瓜是亞熱帶最好的水果，樹葉也能當菜吃，還可以治病。

台灣的水果很豐富，眷村人逐漸認識並喜歡上台灣水果。皓怡小時候很愛吃「芭樂」（番石榴），自家院子裡也有種。劉母常常把芭樂放進冰箱冷藏，夏天吃能消暑。冰鎮芭樂是台灣一種吃法，孩子們很喜歡。在皓怡學校的福利社，冰鎮芭樂是很受歡迎的冰品，便宜又好吃。媽媽還會把葡萄、草莓冷藏後再吃，消暑止渴又耐保存。不過水果再便宜，也要花錢買。劉母常用撒了白糖的番茄，代替水果給孩子們吃。

劉父平時不苟言笑，也不輕易動怒，如果他板起臉來訓斥子女，事情一定很嚴重了。作為慈父，爸爸給孩子們留下更多可親可愛的印象。有一次台北刮颱風淹水，水快要淹到床上了。爸爸背著尚小的皓怡，走到眷村對面的小學校避難。早期台北時常淹水，後來河道整治，才不淹水了。

爸爸曾把軍用望遠鏡忘在家裡，結果被好奇的大哥拆開，取出裡面的稜鏡一探究竟。爸爸知道這是孩子的好奇心，沒有責罰大哥。志在理工科的大哥，從小就對機械原理感興趣。

爸爸單位周圍有很多樹，上面有蟬，有一次，爸爸下班帶回一隻蟬給皓怡玩。皓怡常聽媽媽說，蟬蛻是一味中藥，有疏散風熱、明目退翳等功效。所以當拿到一隻真的蟬，皓怡很開心，做了一個小籠子，把蟬養在裡面。

媽媽曾用四味中藥材，蟬蛻、木通、雞骨草和九孔鮑魚的殼，給皓怡做了一個小擺設──「漁翁垂釣」，惟妙惟肖。九孔鮑魚殼做成小舟，蟬蛻如同躬著腰、披著蓑衣的老漁翁，木通做成斗笠，雞骨草做成漁竿。媽媽心靈手巧，常常自製小玩偶。

媽媽學過中醫，左鄰右舍、親朋好友，常常慕名而來，找媽媽把脈針灸，她把家裡的中藥材配給人家，從來不收錢。如果診治好了，對方送來謝禮，媽媽才會收下。

劉母擅長做豆汁兒，是綠豆做的一種發酵酸汁，還成立了一個「豆汁兒會」，會長是吳延環。媽媽常約北方的朋友來家喝豆汁兒，配著燒餅夾醬肉，既解饞又懷舊。劉母的拿手菜「松鼠黃魚」，是以黃魚為主要食材的老北平菜，還有用自家香椿樹芽做的麻油香椿芽拌豆腐，以及涼拌撇拉（苤藍）等。這些都是豆汁兒會必備菜餚。大家在一起說笑聊天，暢敘鄉情。

劉父為人正直，行不踰矩，家庭聚會多半由劉母主導。劉母廚藝好又好客。

台灣文學家陳紀瀅，也是「豆汁兒會」的常客。陳紀瀅與劉家交往甚密，他是皓怡與姐姐的乾爹。河北安國人氏的陳紀瀅，當年就讀於北平民國大學。日本投降後，曾作為國民黨接收人員奉命隨隊前往東北。赴台後出任《中央日報》董事長、中國廣播公司常務董事等職。作為從年輕時就從業的媒體人，陳紀瀅有每天讀報的習慣，他在報上關注皓怡的從影動態，也寫便簽給予鼓勵。皓怡至今還保存著乾爹的墨跡。

皓怡從小就喝媽媽做的豆汁兒，聽媽媽說，這是北平的美食。後來皓怡隨媽媽回北京，在什剎海喝地道的豆汁兒，味道很淳厚，不過不像媽媽做得這麼豐富。媽媽做的豆汁兒，點綴著很多小菜，再配上醬肉、芝麻醬燒餅，更能滿足味蕾。

皓怡兒時在眷村還有一位乾爹，對方也是父母的好朋友，兩家相處得很好。每到星期天，乾爹都會讓皓怡去他們家吃飯。乾爹說，小孩子吃雞肝可以補血，就會把雞肝夾到皓怡的碗裡。皓怡不喜歡吃，又不敢說，強忍著吞下去，後來就偷偷扔到桌子下面，以為神不知鬼不覺。乾爹家人發現後，就沒再給她雞肝吃。

皓怡一直記得這件事，每次想起都會有愧疚感。後來乾爹一家人移民美國。

第二章

眷村雛鳳

九

技多不壓身

「不要出村去玩！」父母常常這樣吩咐孩子。

眷村猶如一個村落，孩子們在眷村裡玩，熟門熟路，大人比較放心。跑到村外去玩，怕跟著壞孩子學壞，也擔心迷路走失。

劉皓怡與大哥、二姐，年齡差距在十歲以上，感覺不是一代人。在皓怡與小哥劉袒眼裡，他們都是大人，小弟小妹只有被教訓的份，從不敢還嘴。大哥也常常代替父母管教他們。

在眷村，與皓怡相熟的同齡女生不多，她常常跟在小哥後面，看他和同伴在一起玩。玩的都是大陸的遊戲，如：官兵捉強盜、老鷹捉小雞、一二三木頭人、跳格子、滾鐵環、打彈珠、抓子兒。皓怡有時會在自家院子裡劃格子跳。

皓怡很崇拜小哥，他什麼事都敢做，也做得好。譬如捕小鳥、捉蜻蜓、逮金龜子、玩毛毛蟲。皓怡害怕觸碰毛毛蟲，就在一旁看著哥哥玩。皓怡還跟著小哥爬樹。

小兄妹玩惱的時候也有，皓怡曾和小哥打過架，吵架更是常事。有時他們做錯事，惹父母生氣，爸爸就會懲罰他們，讓他們面壁思過，嚴重的還會罰跪洗衣板。小哥很頑皮，常被爸爸罰跪。但父母一轉身，他就向妹妹做鬼臉，讓人哭笑不得。

劉父治家如治軍，他在客廳牆上掛著「家法」，雖然不常用，但有警誡作用。在皓怡的記憶裡，大哥與姐姐就有被「家法」伺候過。小哥玩得過火，父親也會動用「家法」。

小哥帶著皓怡在眷村玩，玩到天黑還不回家。他知道要挨打，就帶著妹妹去菜攤，要一根辣椒，揉碎後塗抹在手心上，讓手心變得火辣辣的，被打手掌時，感覺就沒有那麼痛了。

父母教導子女，站有站相，坐有坐相。如果坐椅子時把腿翹在茶几上，就會被媽媽罵。吃飯時，也不能拿著筷子點著人說話。媽媽從小生活在禮儀之家，雖然如今旅居他鄉，也不能壞了規矩。

可能是練武的緣故，皓怡走路不注意時，兩腿有點向外撇。小時候的她不愛穿裙子，撇腿很不好看。媽媽發現了，就會加以提醒。經過半年時間才糾正過來。

「統統有獎！」

這句台詞給當年台灣的小朋友留下深刻印象。皓怡印象最深的就是這個《兒童世界》節目，主持人叫「亮叔叔」（上官亮）。節目之所以出名，也是因為當年只有這一檔兒童電視節目。小丑裝扮的「亮叔叔」，從一張圓形紙幕中破紙出場的場景，令人感覺滑稽又好笑。

上學時，皓怡會請班上同學來家裡，或一起寫功課，或在院子裡玩。父母鼓勵孩子與同學接觸，可以把品行端正的同學帶來家。這些來家玩的同學，住家都比較遠，本村的不多。小哥也常把同學帶回家玩。如果趕上飯點，父母就會留同學吃飯。媽媽做的炸醬麵，配上生吃的大蒜，讓同學過後念念不忘。

來自大陸的外省人雖然簡居眷村，到底還是過上了安穩的日子，孩子也可以完整地接受文化教育。

一九四五年台灣光復，國民政府針對日本統治時期「殖民化」教育，確定了台灣教育「祖國化」的方針。遣返日籍教師，並在大陸徵召一批教師，同時在台灣創辦師範學院。以國學為基礎，以儒學為主幹，在學校和社會兩方面，加強對民眾的民族精神教育。

皓怡上學時的學制是——幼稚園三年，小學六年，初中與高中各三年。台灣從一九六八年開始實施九年國民義務教育，實施以德、智、體、群均衡發展的教育目標。哥哥、姐姐升學都要聯考，學習壓力很大。皓怡讀書時學校名稱改成「國中」，實行義務教育，小學升初中無需聯考。

從小學到高中，皓怡上學都要穿校服，高中與大學都有軍訓，軍訓時需要穿軍訓服，打領帶。初中的學生組織是童子軍。皓怡記得，童子軍敬禮是三根手指，軍訓敬禮是四根手指。

皓怡幼時讀的是私立幼稚園，天主教創辦，離家較遠，要坐小校車，有好幾站路。後來就讀於與眷村一街之隔的台北市「新和國小」。上學、放學，來去方便。

皓怡的童年可以用充實而多姿多彩來形容。除了從小學習武術，還學習舞蹈、鋼琴、游泳，幾乎是無所不學。皓怡不是在父母壓力下所學，而是自己有一種渴望嘗試新事物的衝動，也有耐心完全學會，並且在比賽中取得好成績。

「媽媽讓我學什麼我都學，而且學有所用。媽媽常用『技多不壓身』來鼓勵我們兄妹多學技藝。」皓怡入行後曾對媒體這樣說。

皓怡很感謝媽媽，媽媽當時的想法都很超前，她因此得到很好的塑造。

十一

一門深入，一通百通

「皓怡練琴進步很快，老師誇她對音樂有悟性。」媽媽說。

「好呀，咱就買一台鋼琴吧！」爸爸說。

一天夜裡，準備睡覺的皓怡，聽到父母在客廳商量著買鋼琴的事。鋼琴是一件奢侈品，價格不菲。皓怡從來沒有想過自己能夠擁有一台鋼琴，那要花父母多少錢呀！對哥哥、姐姐的培養，也沒有下這麼大本錢。皓怡不禁有些惶恐不安起來。

限於家庭條件，那個年代學鋼琴的人不多。皓怡在小學四年級初學鋼琴時，只是在鍵盤紙上練習指法，「拜耳」樂譜書裡，就夾著鍵盤紙。皓怡每天把鍵盤紙擺在桌上練習。然後去老師家上課，一周一次或兩次。老師先看你在紙上練得如何，如果還不熟，就不會有進度，練得好，就讓你在鋼琴上試彈。

「拜耳」鋼琴譜有上下集兩大本。雖然是對著一張紙彈琴，邊哼邊彈，皓怡也樂此不疲。老師覺得儒子可教，一直都有在教。有些孩子不是這塊料，老師先就放棄了。

過一陣子，皓怡父母把鋼琴買回來了。品牌是「貝多芬」。鋼琴擺在客廳裡，咖啡偏紅色。

有了鋼琴，皓怡練得更多了，進步也很快。家裡來了叔叔、阿姨，皓怡就被叫出來，彈給客人聽。讓親戚朋友驗收成果，父母感到臉上有光。贏得大家的一番誇耀，父母就說：「可以回房了！」皓怡從小很乖，一叫就出來，彈琴也是大大方方的。

後來皓怡登台作秀和出唱片，都用這台鋼琴練唱。尤其是出唱片，音樂製作人與詞曲老師，就在她家裡幫她練唱。劉母說，花在女兒身上的工夫沒白費，鋼琴買得值。

當年學鋼琴、學舞蹈比較單純，不像現在分級分段。小學音樂老師看皓怡對音樂有悟性，又教她手風琴、鐵琴、木琴、電子琴。由於有彈鋼琴的底子，皓怡往往是一學就會。老師說她是「一門深入，一通百通」。

姐姐學過一段時間芭蕾舞，但時間不長，主要是有聯考壓力，學功課都來不及。後來媽媽把培養業餘愛好的希望，放在皓怡身上。

媽媽帶著皓怡去接姐姐。皓怡看到姐姐穿著芭蕾舞鞋，十分羨慕。媽媽見她有興趣，就給她報了名。芭蕾舞學習班不分年齡，從幾歲到十幾歲的孩子都有，全在一個教室裡學習。

皓怡學民族舞蹈和芭蕾舞，都是從小學開始。在民族舞蹈班，老師先跳，再由助理跳，然後由跳得好的學員帶著跳，大家跟著模仿，旋轉、抬腿、跳躍。皓怡除了登台表演芭蕾舞，也登台表演過民族舞蹈，如《苗女弄杯》和筷子舞。

學游泳是從小學五年級開始，皓怡在國中與高中，都是學校游泳隊成員。蝶、仰、蛙、自，四式泳姿，樣樣嫻熟。皓怡一家人都會游泳，大哥、小哥尤其不錯，姐姐也會游泳。爸爸要求全家人都必須學會游泳。

「游泳是飛行員必須掌握的一項技能。」爸爸回憶當年說：「北方人不習水性，看到水就害怕。教官可不管你怕不怕，拿著長竹竿一掃，直接把我們推下水去。」

從念初中開始，皓怡就成為游泳選手，代表學校或代表台北市，參加各類型的游泳比賽，刷新過比賽紀錄。皓怡小時候理想很多，除了想當音樂家，還想當游泳健將或游泳教練。

天生好學上進的皓怡，是一塊深埋泥土的寶石，在發掘中不斷放出光芒。皓怡學什麼都能出成績，家裡擺著各種獎牌，有三四十塊之多。

讀小學時，皓怡就是學校合唱團成員，學校合唱團會報名參加「台視」的比賽。台視是台灣最早的電視台。

一九六九年，台視從多個學校的兒童合唱團裡，選出十個小朋友，參加由台北市交響樂團主辦的一部歌劇演出。皓怡被選中了。

十二 演出歌劇《夕鶴》

六、七十年代，曾有一部日本民族歌劇轟動兩岸，這就是《夕鶴》。一九七九年，日本著名作曲家團伊玖磨攜歌劇《夕鶴》赴華演出，給北京、天津、上海的廣大觀眾留下深刻的印象。

一位名叫與平的農民，救了受傷的仙鶴。仙鶴變成美麗的女子阿通，和與平結為夫妻。為了報答與平，阿通用自己的羽毛織成珍貴的千羽錦。貪婪的商人挑唆與平，逼迫阿通織更多的千羽錦，並且違反約定，偷看阿通紡織。於是阿通又變為仙鶴飛走了。

這個故事來自日本「鶴妻」的傳說，是日本第一部具有本民族特色的歌劇。電影《白鶴報恩傳》，就是改編自這部歌劇。

比大陸早十年，《夕鶴》在台北演出，是台灣音樂界創紀錄的一件事，開創了台灣歌劇的先河。據記載，當時的台北市長高玉樹大力促成《夕鶴》的排演，他對音樂頗有鑑賞力，是在首創台北市交響樂團之後，對音樂界又一大貢獻。曾在日本留學與工作的高玉樹，是知名政治家，戒嚴時期以非國民黨籍本省人身分，成為台灣重要官員。

源自西方的歌劇，是綜合文學、戲劇、舞蹈、美術與音樂的舞台藝術，當時的台灣音樂界還全然陌生。全劇以日語演出，主要演員來自日本，由台北市交響樂團伴奏。劉皓怡等十個合唱團成員演出農村的孩子，有男女獨唱與合唱。皓怡是女主唱，男主唱是知名童星游龍。團伊玖磨親自訓練這些小演員，學唱日本歌曲與演繹舞蹈。

一九六九年九月二十日、二十一日晚，《夕鶴》在台北市中山堂演出三場，現場座無虛席，一票難求。據《民報》的報導，《夕鶴》的演出作為樂壇盛事，給台灣音樂界深刻的啟示與深遠的影響，給劇場工作者上了極其重要、促成進步的一課。十年後，台灣又推出這部歌劇的中文版，劇名改為《可愛的牧羊女》，陸續在港台以及東南亞演出。

舞台的燈光變幻，西方交響樂器的演奏，日本著名歌唱家的演唱，都給小皓怡留下難忘的印象。尤其是團伊玖磨親自指導演唱與舞蹈，讓她對表演有了初步的體驗。皓怡慶幸自己有機會參與演出這部歌劇，她至今還保留著劇本。

在《夕鶴》演出第二年，皓怡又參與了對台灣來說有意義的一次演出。一九七〇年，皓怡正讀小學六年級。那一年的暑假，媽媽帶她到暑假兒童話劇團報名。皓怡事先並不知道要去做什麼。現場考核的老師，讓皓怡先進行自我介紹。當她提到自己學過國術時，老師就讓她表演一段，她便表演了一套「小虎燕」。這是基礎的拳術套路。皓怡又說學過舞蹈，老師讓她再表演一段舞蹈。皓怡在全無準備下，臨時編了一套「天鵝湖」的動作，有頭有尾地跳下來。表現得相當鎮靜。在場導演一眼看中了她。

皓怡被錄取後才知道，這是兒童劇《金龍太子》在招募小演員。

一九六七年，被稱為「台灣戰後劇場第一人」的李曼瑰，為了響應中華文化復興運動，發起成立「中國戲劇藝術中心」，是台灣第一次有計畫性地推動兒童戲劇的發展。經過兩年的醞釀，於一九六九年創立「兒童教育劇團」。李曼瑰是廣東省台山人，一九三一年畢業於燕京大學國文系。

兒童教育劇團團長王慰誠，則是湖北黃梅人，能編能導，於一九七〇年創作《金龍太子》等兒童劇，獲得不錯的反響。

《金龍太子》源於「孝感動天」的故事。該劇共有五個演出組，在不同日期與不同時段登台表演。時長約一小時。登台的演員很多，有說有唱。皓怡在其中一個演出組，擔綱演出女主角。舞台沒有麥克風，台詞要喊出來，才能讓最後一排的聽眾聽得見。

皓怡小小年紀，就演出過歌劇與兒童劇，可見她在表演方面具有天分。而真正發掘她的人，正是媽媽。劉母一直把她朝文藝表演的方向培養，皓怡也沒有辜負媽媽的期望。哥哥、姐姐們看著小妹成長，由衷地替她高興並引以為傲。

十二 學校樂隊指揮

劉皓怡感到學業的壓力是在初中。從初一開始分班，成績好的分在一個班。她分在好班。看看身邊的同學，不再是學習成績參差不齊的同伴，大家也都有了競爭的心態。

皓怡小學讀的是「新和國小」，初中是「華江女中」，高中是「北一女中」（台北第一女子高中）。與現在不同的是，皓怡讀書時，幾乎都是男女分校。哥哥、姐姐也是讀男校或女校。

讀初中時，華江女中一牆之隔就是男校。學生正值青春期，偶有「翻牆事件」發生。劉母對孩子管教甚嚴，她告誡孩子們，不上大學不可以交男女朋友。

有一次，男校同學會邀請女校同學去郊遊，男生與女生各有一群，但彼此會有交際。由於一向所受教育的影響，皓怡作為女生，背著父母參加這樣的活動，有一種深深的「罪惡感」。

華江女中離家較遠，每天坐公交車要好幾站。如果走路就有一條捷徑。皓怡通常選擇走路上學，一邊啃著燒餅油條，一邊默誦課文。後來那一帶發生色狼欺負女生事件，皓怡就在書包裡偷偷放一把短刀，作為防身工具。當時父母若是知道，也會捏一把汗，並且加以制止。

從前車輛稀少，皓怡起床又早，一路走過去，自得其樂。路上經過一個傳說的鬼屋，鬼屋沒有窗格，陰森森的，看起來很可怕。皓怡向窗口張望，看看裡面到底有沒有鬼。學校食堂有饅頭、包子賣。學生上學都帶便當，在學校裡加熱。皓怡從上初中開始就帶便當了。

皓怡出門上學，媽媽會給一些零用錢。由於貪嘴，皓怡都買零食吃了。夏天買冰棒，也會買冰鎮「芭樂」。冬天就會買桂圓粥等。

皓怡和哥哥、姐姐在學校，都是接受標準教學。台北市教育部門規定，學校教學一律講國語。

當時台灣三家電台，均以國語播報，閩南話與客家話分時段播出。皓怡的老師調動到台北縣，大家去看他。走進那所學校，裡面的學生都講閩南話，外省小朋友大多聽不懂他們說什麼。

上大學時，皓怡為了方便與本省同學溝通，曾告訴大家自己要學閩南話。一個本省同學說：「不必學了，我們講國語好了。」結果就沒有學。

皓怡讀大學時，幾位老教授都是外省人，有的還操著濃重的方言。來自南部的同學幾乎完全聽不懂。皓怡的課堂筆記寫得很快，大學門口有一個影印店，她經常把筆記本借給同學拿去影印。

異於常人的表演與演奏天分，皓怡在上學時就有所顯露，不僅在學校之間，也在社會上小露鋒芒。皓怡參加游泳比賽破紀錄和獲獎，媒體也多有報導。

具有不俗表演天分的同學，除了北一女中同班同學胡慧中，皓怡在讀新和國小時，還有一位比皓怡高兩屆的師姐張玲。張玲後來比較早出道演出電視劇，她主演的華視電視劇《保鏢》轟動全台。

張玲是學校樂隊的指揮，她站在台上瀟灑地指揮樂隊，讓台下的皓怡羨慕不已，心裡暗自感嘆：「好漂亮的姐姐呀！」張玲多才多藝，勤奮好學，也曾學過武術。

皓怡羨慕張玲的瀟灑，卻不知個中的辛苦。張玲畢業，皓怡接棒，才知道作為樂隊指揮，付出的不僅僅是才藝。學校每天集合朝會，需要樂隊奏樂。

皓怡四肢血液循環較差，冬天怕冷，手腳總是冰涼的。皓怡穿著毛衣、棉衣，外加一件校服。樂隊在室外演奏，從集合直到隊伍解散，拖的時間較長。氣溫若在十度以下，她的手就受不了了，指揮時凍到僵硬，而且膚色會變紫。

上學期間還有一件讓皓怡難忘的事，那就是蔣公介石的逝世。他的離世，讓父母這一代人的幻想徹底破滅。

那是一九七五年四月五日，正值皓怡讀高中。當時已是深夜，她在洗手間照鏡子剪頭髮，外面雷雨交加。這時，她聽到電台傳來一個非常沉重的聲音。

同學相約一起去國父紀念館，排長隊瞻仰蔣公遺容。早上四五點，皓怡和同學就上街了，現場人山人海，隊伍綿延到巷弄裡。皓怡夾裹在隊伍中，前胸貼後背，完全動彈不得，要一點點往前挪。直到下午兩點，皓怡才進入到館內，現場一片哭泣之聲。

父母的心情可想而知，因為他們是追隨蔣公而來。父親知道，此生回鄉無望了。退役後，劉父投身於選舉工作之中，輔選成為他生活中重要的一部分。

十三

輔選郁慕明

劉皓怡爸爸的社交圈比較廣，皓怡從小和爸爸的同事、朋友有所接觸或見面。父母喜歡收集朋友所贈書畫作品，皓怡並不以為意，後來發現其中有一幅是賈景德贈給父親的書法作品。出生於一八八〇年的賈景德，山西省澤州府沁水縣人。網上資料顯示，他是「閻錫山與袁世凱合作的牽線人，中原大戰晉綏系高層唯一的支持者，閻錫山永遠的秘書長，也是閻錫山最後的送葬人」。這位「閻錫山的筆桿子」在閻錫山過世的當年——一九六〇年，也在台北過世。賈景德寫給劉父的書法作品，還在落款寫上是應劉父雅囑而作，很是特別。

曾擔任「空軍總司令」的王叔銘，是劉父的上級，更是他的長輩和老師。劉父稱王叔銘為「老師」。王叔銘當年擔任中央航空學校飛行教官，後升為航校教育處長。劉父作為學員曾受教於他。劉家子女都稱王叔銘為「王爺爺」。

王叔銘，山東諸城人，黃埔軍校一期畢業。西安事變時，王叔銘曾駕駛一架教練機開往西安，聲稱要救出蔣介石，讓蔣十分感動。抗戰期間，王叔銘是國民黨空軍第三路司令，堪稱一名勇將，成為抗擊日軍一道最有力的防線，人稱「王老虎」。

一九四六年六月，王叔銘調任空軍總司令部少將副總司令。國共內戰時期，遼瀋、淮海、平津三大戰役都有他的身影。一九四八年十二月，新華社公佈四十三名戰犯名單，王叔銘名列其中。三年多的內戰，國民黨軍隊的陸軍和海軍都被解放軍打怕了，只有空軍的建制保存完整。撤至台灣後，王叔銘深得蔣介石重用。一九五二年三月，升任「空軍總司令」，一九五七年升任「參謀總長」。一九九八年，王叔銘以九十三歲高齡去世。

劉皓怡一九八八年結婚，證婚人是王叔銘。

皓怡父母為了鍛鍊身體，一直都有參加「早泳會」，子女都跟著學會游泳。這個「早泳會」是吳延環於一九五四年創立，台灣各地相繼成立早泳會，延續至今。早泳會有時會組織到金山海水浴場活動，皓怡也有參加，在海水裡還被小水母螫得手腳都是包。

吳延環是劉家「豆汁兒會」的會長。劉父稱他為「大哥」，皓怡兄弟姐妹叫他「吳伯伯」。皓怡製作系列電視片《國術天地》，是吳延環題寫片名。一九一〇年出生於北平的吳延環，抗戰期間在敵後打游擊。史料記載一段軼事。一九四九年，周恩來有意邀請暫居美國的著名作家老舍回國，作為老舍舊相識的吳延環，也從台北給老舍寫了一封信，邀他到台灣。老舍對新中國寄予厚望，最後選擇返回中國大陸。

劉父從空軍退役後，轉往退除役官兵輔導委員會。二級上將許歷農是該委員會主任委員。一九一八年出生的許歷農，安徽貴池人，畢業於黃埔軍校江西第三分校十六期工兵科，從排長、連長一直做到師長、軍長和司令，參加過皖南事變、平津戰役。許歷農晚年致力於兩岸和解交流，曾擔任促進國家統一的新同盟會會長。

劉父作為退除役官兵輔導委員會的委員，在許歷農的領導下，從事黨務工作，參加軍眷黨部組織中的固樁輔選。

每到選舉的時候，劉皓怡家裡來往客人比較多，選舉台北市「議員」或台灣「立法委員」。候選人要掃街拉票，就會親自登門拜訪有影響的人物，邀請參加競選大會，在選民雲集的場所登台演講。年輕時的吳敦義和郁慕明，皓怡都是在他們登門拜訪時見過或結識。

劉父作為郁慕明競選總部總幹事，應該說郁慕明就是劉父當年在國民黨中輔選出來的，從選台北市「議員」到台灣「立法委員」。一九四〇年出生於上海商人之家的郁慕明，在劉父面前是晚輩。此前劉父接觸郁慕明幾次後，認為這個年輕人不錯，有理想抱負，思想活躍進步，時代使命感強。

郁慕明常來皓怡家中作客，稱劉父為「叔叔」，稱劉母為「嬸嬸」。皓怡稱郁慕明為「大哥」，也幫郁慕明助選拉票，還特別從印尼返台助講。皓怡結婚時，郁慕明女兒當伴娘。皓怡大女兒結婚時，郁慕明托皓怡小哥帶到印尼一副對聯。

郁慕明與皓怡一家始終保持著良好關係。皓怡大哥在疫情發生前從美國返台，還在皓怡小哥安排下，與郁慕明小聚。

一九八五年十一月十一日台灣報紙有一則報導，描繪劉父作為郁慕明競選總部總幹事的工作，稱其作風「依舊大將風範」。

十四 舌尖上的鄉愁

三更燈火五更雞，
正是男兒讀書時……

唐朝書法家顏真卿的這首《勸學詩》，被皓怡大哥恭恭敬敬地抄寫了，貼在自己書桌的牆上以自勉。它不僅是大哥的座右銘，更是皓怡父母的教子寶典。兄妹們都被要求背誦，時刻告誡自己不要虛度光陰。

父母都是認真的人，成為孩子們學習的榜樣。皓怡和哥哥、姐姐們也都很努力，不敢有所懈怠。孩子從小被灌輸正確的理念，「未雨綢繆」，「勤儉持家」……這些體現中華傳統美德的警句，不僅耳熟能詳，也是身體力行。

媽媽每天都會把孩子們打扮得整整齊齊，校服用淘米水漿洗，出門時把小手帕別在胸前。因此，皓怡和小哥在學校都是模範生，他們的成績也都很好。讀小學時，皓怡在班裡是前三名，初中、高中成績也不錯，從來不讓父母操心學業。

皓怡當媽媽時，會給孩子講兩把剪刀的故事。她一邊給女兒剪指甲，一邊說：「媽媽小時候在家剪指甲，用的不是指甲刀。」

皓怡家裡有兩把剪刀。一把是媽媽用來裁衣服，家裡有一台老式縫紉機。孩子們穿的衣服大多是在商店購買，有些是媽媽自己做的。媽媽用劃粉在布料上劃好位置，再用剪刀裁開。皓怡有時一覺醒來，發現媽媽還在客廳踩縫紉機。媽媽十分愛美，嫌商店的旗袍不好看，常常自己做旗袍，看起來新穎別緻。

另一把剪刀就用於其他，如剪指甲。皓怡之所以印象深刻，是因為剪刀不夠鋒利，加上媽媽高度近視眼，連剪帶掰。皓怡很怕剪指甲，總是被剪得很痛，也不敢吭一聲。軍人的子女，除了服從，就是要勇敢面對。皓怡長大後，給父母剪指甲，才把當年剪指甲的感受當笑話講給媽媽聽。

台灣早期把流行歌曲視為「靡靡之音」，正統社會多持負面看法。皓怡父母自然也是如此。媽媽教女兒的，都是正統淨化歌曲，但流行歌曲仍在校園傳唱。因此在同學朋友看來，皓怡是一個古板的人。

生長在北平的劉母喜歡聽京劇，媽媽叫「平劇」，台灣稱為「國劇」。電視播出京劇，媽媽會拉著皓怡一起觀看，想讓她從小感受國粹的藝術魅力。皓怡完全聽不懂，媽媽講給她聽，她還是感覺枯燥乏味，聽著聽著，就睡著了。劉母酷愛京劇，常常在家學唱，有時也會唱票兒。

皓怡爸爸在安徽老家是獨子，沒有兄弟姐妹，跟隨劉父來台灣的，有堂兄弟和表兄弟。皓怡稱他們為堂叔、表叔。逢年過節，他們會來家裡作客。父母都很好客，客人總是盡歡而散。

爸爸平時不喝酒，有客人來時，就一定會開酒待客。金門高粱酒和米酒、葡萄酒，應有盡有。米酒與葡萄酒都是自家釀造。皓怡還記得媽媽製作葡萄酒的場景。舖一層葡萄，就撒一層糖，放在壇子裡，埋到院子的地下。爸爸愛喝自釀的美酒，客人們也都說好喝。

兩岸通航之前，台灣人無法進入大陸，而大陸貨卻在台灣很吃香，包括大陸茶壺、茶葉、絲綢、國畫顏料等。很多台灣人從香港和新加坡等地帶貨進來。大陸商品都會有「Made in China」字樣，當時台灣對這幾個字敏感，帶貨到台灣要把「China」刮掉。

兩岸通航後，劉母是較早進入大陸的一批台灣人，由皓怡小哥陪同。小哥對原籍大陸從小就很嚮往，從來沒有懼怕的感覺。劉父本來有些提心吊膽，看太太從大陸平安回來才放心，也確信兩岸真的和解了。

媽媽闊別大陸幾十年，重回故地，感慨萬千。當年與皓怡外祖父和舅舅生離死別，通航後終於可以到墓前拜祭，了卻一樁心願。劉母還在北京胡同尋訪故居，因城市改造，當年的胡同早已不復存在。晚年的爸爸，十分想念安徽老家，他常說「樹高千尺，葉落歸根」，但他最終沒有再回大陸。

正如後來遠嫁印尼的皓怡，心心念念的是台灣美食，生長在北平的媽媽，忘不掉的是北平美食。皓怡陪媽媽回大陸兩次，把北京城走透透，嚐遍北京美食。吃得最多、最過癮的是北京小吃。本來「街頭小吃」就以北平最為著名，品種絕大多數繼承於清末，如糖葫蘆、豆汁兒、切糕、涼粉，還有豌豆黃兒、灌腸、奶酪等。

最難忘的是王府井夜市小吃一條街，母女倆一路吃過去。媽媽一邊吃，還一邊說：「就是這味了，幾十年沒有聞到了。我在台北怎麼做，也做不出這個味。」品嚐著北京小吃，讓劉母想起許多本來已經淡忘的往事。

媽媽在台北家中，以麵食為主，完全是北方人口味。皓怡從小吃到大，北京美食自然很合自己的胃口。過去那個在北平的家，就是品嚐這些美食時，在媽媽的嘮叨中，慢慢呈現在皓怡眼前。

母女倆都自稱是「吃貨」，上海美食也是最愛。她們在上海灘一家老字號麵館，慕名而來吃餛飩。當地人都說，這是老上海的味道。母女倆品嚐，有那個味道，很好吃，卻看不到肉。原來這種餛飩的特點，就是只有那種味道，而看不到肉。

劉母的思鄉情懷就是在這種「吃遍大陸」的旅程中，一點點釋放出來。隨著歲月的流逝，移居印尼的皓怡，也有了相同的感受。或許在每個人的心靈深處，都有一個精神家園，一輩子也抹不去。

十五　天各一方

劉皓怡在電影圈出道後，全家習武的故事在媒體傳為美談，被稱為「國術世家」。自兒時跟著師父高道生習武，皓怡的一部分記憶都有師父的身影。

有一天師父打來電話，邀劉家兄妹為台北廟會造勢，助陣舞龍舞獅活動。舞龍舞獅作為中華文化的傳統習俗，在台灣很盛行，它是集武術、鼓樂、戲曲與龍藝於一體的藝術樣式。高道生本省籍弟子開設國術館，多有舞龍舞獅一項。廟會以及社區、社團、企業舉辦活動，常常需要龍獅表演。

師父打了招呼，皓怡與小哥義不容辭。當天的廟會活動聲勢浩大，一條很長的隊伍在遊街，沿途人頭攢動。劉氏兄妹站在大卡車上，哥哥打鼓，皓怡敲鑼，師兄師弟在下面舞龍舞獅。師父則不斷地給大家加油打氣。

皓怡的打扮很特別，紮著腰帶，穿著練功的黑褲子。活動持續了半天時間，接近中午，大家又累又餓。主辦單位準備了大鍋泡飯，皓怡跟著大夥兒，蹲在餐廳騎樓下面吃飯。芹菜魚泡飯，皓怡吃了一碗又一碗。那是一種特別的體驗，讓皓怡印象深刻，平時不可能蹲在外面吃飯。

這時攝影師走過來，把大家蹲在旗樓下面吃飯的場景拍了下來。皓怡一直保存著這張照片，很有生活生息。

皓怡兄弟姐妹，長大成人後都各有事業，各自精彩。留在大陸的大姐則杳無音信。直到兩岸通航，劉母才與離散的大女兒得以重見。皓怡大姐定居在上海。

皓怡大哥在台灣讀海洋大學，輪機專業，屬於機械工程。畢業後在軍艦服兵役，職務是二管輪。大哥服役期滿，安排在遠洋海輪工作，去過很多國家，遠至歐洲和阿拉伯。大哥每次出航回來，都會給皓怡這個小妹，買很多玩偶和美食，如洋娃娃、巧克力和口香糖等。

當時兩岸處於敵對狀況，關係十分敏感。有一次大哥遠洋航行，因特殊情況，要從歐洲搭飛機回台灣。查航班才知道，只有兩條路線可供選擇，一是經中國大陸中轉，一是經蘇聯中轉。一看從大陸中轉，大哥就很怕，寧願繞遠道從蘇聯中轉。

大哥這份工作，讓家人提心吊膽。有一次，家人接獲負責船務的招商局通知，大哥工作的遠洋海輪，在出航時失聯。這個消息讓一家人十分緊張。雖然是深夜，媽媽還是跑去招商局，徹夜等候消息，生怕發生船難。

由於這件事，媽媽不讓大哥再上船。在父母的鼓勵下，大哥選擇繼續深造，出國留學。大哥是有毅力的人，為了留學，天天攻讀英語。他早晨起床先念英文，一小時後才從房間出來。大哥通過了托福考試，成功去美國留學。

兄弟姐妹中，大哥是最用功的人。晨讀，是他從小養成的習慣。大哥學武也很認真，長年以武術作為一種健身運動，去美國留學，還帶著一副雙節棍。

不久，二姐也追隨大哥的步伐，移居美國。姐姐比皓怡年長十歲。在台灣大學畢業的姐姐，因為姐夫留學美國讀法律，自己也是說走就走，帶著一歲的孩子。

皓怡記得姐姐走得很突然，她把家裡養的一隻狗交給爸爸，只說一聲「我要去美國了」，狗狗暫時寄養。她以為自己不久就會回來，誰知一去不返，一直到拿到綠卡。父母過世，她沒辦法回來，只是在電話裡哭。

早期大陸沒有建造大型水族館的團隊，皓怡小哥長期在大陸做水族館業務。水族館建在各城市的海洋公園，小哥為此跑了很多城市，結交了不少內地朋友。小哥和大哥一樣，都畢業於台灣海洋大學，不過小哥學的是養殖生物專業。從千禧年開始，小哥就赴大陸發展，將近二十年。

小哥讀初中時個子還不高，媽媽有點擔心，天天讓小哥喝牛奶，鼓勵他打籃球。後來他的個子慢慢長高——一七八公分，在全家人中個子最高。

如今只有小哥一直生活在台北。已經退居二線的他，業餘愛好藝術品收藏，常參加當地相關協會的活動。皓怡從藝，小哥一度做過她的經紀人。

皓怡兄弟姐妹，成家立業，生兒育女，都不生活在一處，可謂天各一方。大哥與姐姐定居美國，大哥在加州，姐姐在德克薩斯州。大哥當年從事科研工作，姐姐的職業是服裝設計。

第三章

銀幕嬌娃

十六　中影培訓班

劉皓怡少時曾有很多理想，就是沒有想過當演員拍電影。她就讀的高中「北一女中」，學校對面就是法院，皓怡有時會到法院旁聽，漸漸地對律師這一行業有了無限憧憬，非常羨慕，遂立志當律師。因此考大學時準備考丁組。而大哥希望她將來當醫生，改讀丙組。

本來父親希望皓怡大哥學醫，結果他讀了工科。父親又把希望寄託在皓怡小哥身上，小哥雖然依照父親的意思考上中國醫藥學院，奈何念了一年不適應，無法克服人體解剖的恐懼感，只好退學重考。皓怡很擔心父兄讓她選擇學醫。當她準備參加聯考時，父親一改過去的想法，主動問她想考什麼學校，讓她感到十分意外。原來父母想通了，興趣不能勉強。

到了高三，皓怡實在受不了功課的壓力，便向父母坦白說明自己的意願，想從事文藝工作。世新大學只是皓怡參加聯考所選的第二志願，本來她希望考上「國立」藝專的國畫組。結果沒有考中。事後查分數，其他成績都不錯，只是術科一項成績不理想，造成總分不夠。她雖然沒有想過演電影，但對電影藝術有興趣，喜歡看電影，而且中外影片都看。皓怡入讀台灣世界新聞大學，專業是電影製作編導。

皓怡從小除了喜歡練功，堅持練功，業餘愛好就是畫畫。後來皓怡有跟香港國畫家劉悅笙學畫。她的認真從繪畫也能看出來，一畫就是幾個小時，沉浸其中，不能自拔。由於小時候斷斷續續學過畫畫，有一定的基本功，所以一畫就畫得不錯。皓怡陪媽媽去大陸，都會對字帖、畫刊、顏料、筆硯有興趣，見到好的就會買回來。

皓怡以前讀的都是女校，到了大學，男女生終於可以坐在一個教室讀書了。媽媽及時提醒，學業尚未完成，仍然戀愛不宜。皓怡是乖乖女，就一心一意讀書，心無旁騖。在袁業美、依風露、周仲廉、雷啟鳴及楊敦平等老師的諄諄教誨下，她對寫劇本和執導筒有了極大興趣和信心。課堂內外，皓怡常常觀摩電影，雖然看到女演員美美地現身，也從未幻想自己可以飾演一角。心思只放在情節設置和人物性格塑造方面，想的是如何運鏡和寫好劇本。由於悟性很高，極受老師的青睞，老師對她的期許也相當高。

皓怡進入電影圈的標誌，是一九七八年三月參加有「演員搖籃」之稱的「中影」演員培訓班，雖然當時正在接拍並主演一部獨立製片的電影《俏師妹》，但「中央電影公司」的官方背景和影響力，讓她演員的身分被正式確立。而在加盟中影之前，她先期已和「中視」簽有合約。

中影公開招收演員，這個消息是媽媽無意中看到的，報名時間已經截止。媽媽覺得這個機會不能放棄，想著女兒有表演天賦，讀小學時就先後演出大型歌劇《夕鶴》和舞台兒童劇《金龍太子》，不甘心輕易放棄機會。媽媽自個兒找到中影公司，拿著劇照給人家看，好說歹說，終於補上報名。報名者共有兩千餘位，皓怡經過四輪甄選脫穎而出。共有九人被錄用，再進行三個月的培訓。這是中影舉辦的第八期演員培訓班。

當年十月六日的《台灣時報》等報紙都做了報導。其中《民生報》的報導，是以《中影．永昇演員班昨結訓演出／新秀〈接觸〉話劇初試啼聲》為題，報導如下：

中影和永昇兩家公司，今年三月聯合招訓九位新人，昨天學成畢業，在台北士林中影片場舉行結訓典禮，三男六女的準明星們，誰會成為閃亮的明日之星？

由班主任張法鶴（中影副總經理）與江晉德（永昇公司負責人）共同舉行結

訓典禮。這九人是從兩千餘位報考者中經過四輪甄選而出，然後進行三個月專業學科、術科訓練。向他們頒發結業證書。準演員華方代表九位新人接受證書。

現場演出獨幕劇《接觸》，既是對他們成績的檢閱，也同時供來賓們欣賞。他們為此排練了一個月。《接觸》描寫某地一處戒菸所，九位新人分別扮演不同身分的癮君子，在戒菸所進行戒菸的複雜心情與表現。

胡慧中飾演一個出身家教嚴謹家庭的少女，因被家長誤會而產生強烈的叛逆。由於當時她忙著接拍外面的戲，沒有太多時間參加排練，因此演來不甚入戲。

除胡慧中的表演稍嫌緊張外，其餘八人都還自然。被看好的是劉皓怡和張純芳，他們搭檔演一對母女，表演都可圈可點。劉皓怡造型吻合角色要求，充分發揮出一位退隱名伶的韻味，眷戀昔日在舞台上的輝煌歲月，光芒壓倒張純芳，獲得在場觀眾的一致好評，都認為劉皓怡頗具潛力，表演更為出眾，將來可走演技派路線。

皓怡後來回憶說：「在劇中，我演張純芳的媽媽。有一段母女對話，我和張純芳都非常投入，演出中，淚水情不自禁地奪眶而出。我能感到現場記者鎂光燈閃個不停。」

十七

張法鶴慧眼識珠

彙報演出之後，中影相關負責人經過合議，決定與劉皓怡等新人簽訂三年的演員合約，作為中影的基本演員，由新聞局核發演員證。簽約時間是次年（一九七九年）元月。不過那個年代電影產量有限，即使簽約中影也難得等到演出的機會。

與皓怡共同加盟中影的胡慧中，是皓怡「北一女中」同班同學，出名較早，高中時就成了廣告明星。她也生長在眷村，成名作是電影《歡顏》，其他作品還有《皇天后土》、《霸王花》等，並兩次入圍金馬獎最佳女主角，一九九三年在大陸參演電影《重慶談判》。

出生於高雄的蘇明明（當時名為「蘇秀珠」），網上對她的介紹是：「加入中影與永升公司合辦的演員訓練班，結訓後成為中影的演員。」她憑著處女作《一個女工的故事》獲得巴拿馬影展最佳女配角獎。演出無數電影與電視劇，直到二〇二〇年還在演電影。

網上對張純芳的介紹也首先說到中影培訓班：張純芳從小生長於務工的家庭，同學偷偷幫她報考中影新秀選拔活動，她從兩千多人中脫穎而出，成為入選的九名訓練班學員之一。張純芳結訓後並未留在中影。有關資料顯示：張純芳接演陳坤厚導演《小畢的故事》，才真正激發了她的演員特質。隨後侯孝賢看中張純芳的潛力，與她合作了許多臺灣新電影。

皓怡與中影簽約不久，便代表「臺北市國術會」參加義演表演武功，被演員團隊帶隊前來的中影副總經理張法鶴意外發現。皓怡在中影培訓班甄選、培訓和彙報演出中，始終沒有展露她的武功。張法鶴喜出望外，決定讓劉皓怡走武打演員路線。

張法鶴當即找皓怡談了自己的想法，皓怡欣然接受。武打明星呈現給觀眾的主要是動作，而皓怡原本所具有的表演天賦，或許由於這個原因始終沒有得到很好的發揮。

張法鶴非等閒之輩，一九三六年四月，他出生於北平，河北省南皮縣人，曾祖父是晚清洋務派代表人物張之洞。張法鶴之父投身軍旅，適逢全面抗戰。抗戰勝利後，全家從西安返回北平。一九四九年初，張法鶴隨家人遷居臺灣。

一九七六年至一九八〇年，張法鶴擔任中影副總經理兼製片企劃部經理，多次率領影展代表團參加世界各國影展，拓展臺灣電影市場，順道訪問鄰國，宣揚中華文化並宣慰華僑。他參與策劃攝製《英烈千秋》、《八百壯士》、《梅花》、《黃埔軍魂》、《蒂蒂日記》等四十餘部著名電影，曾獲金馬獎、亞太影展、哥倫比亞影展、巴拿馬影展等多個影展獎項。

皓怡對自己的演藝生涯做過總結，她認為一方面是因為在媽媽的督促下，自己做足這方面的積累，另一方面是星運平順。或許由於始終走武戲路線，與走文戲路線的同行不同，讓她覺得自己的長相有些缺乏時尚感，只是肯定還比較上鏡。無論如何，皓怡一直都很堅定地走動作片路線，以扎實的拳腳功夫贏得觀眾的青睞。

香港邵氏動作片演員出身的宗華，八〇年代赴台，以導演和製作人身分拍攝電視劇。在接洽皓怡拍戲時說：「皓怡，我看你的眼睛很亮，黑白分明，閃閃發光。」其業內人士也多有稱讚皓怡眼睛有神，這可能與她從小練武有關，練武之人講究精、氣、神。眼睛若有什麼不同，她自認是後天養成。皓怡由於專注大銀幕發展，婉拒宗華演出電視劇的邀約。

皓怡出道時，正是臺灣群星璀璨之際，像柯俊雄以及文藝片秦漢、秦祥林（二秦），林青霞、林鳳驕（二林）等。中影仍以軍事片、文藝片為主，動作片本不是中影發展的方向，後來有走鄉土路線，如拍攝《小畢的故事》、《一個女工的故事》。

張法鶴在義演舞臺上看到劉皓怡表演功夫，想到的還不僅僅是可以讓皓怡擔當武戲角色，更能夠代表中影參加各種影展，因為在臺灣演員中不容易找到一個可以在舞臺上表演功夫的人，只能表演文藝節目，未免單調。眼前就有一個機會，中影組團將參加哥倫比亞影展，演員團隊已經確定，包括從香港邀請來的成龍。張法鶴毫不猶豫地添上劉皓怡的名字。

張法鶴無疑是慧眼識珠，愛才惜才之心顯而易見，皓怡不打折扣地服從了。她隨後接到通知，參加為期一個月的哥倫比亞影展，皓怡的生活馬上就被打亂了。一是，世新大學不准假，否則要開除她的學籍。二是，已經開拍的《俏師妹》劇組不同意，否則要與她對簿公堂。

十八 首部電影鬧糾紛

劉皓怡出演第一部電影《俏師妹》，差不多與中影培訓班同時期進行，不過兩者沒有任何關聯。

一九七九年出品的《俏師妹》，皓怡出演女主角「沈瑩」。其他演員有王冠雄、袁小田、龍飛、蘇沅豐等。監製王羽，出品人沈曉印，導演王重光。製片方為香港正明影業公司。

《俏師妹》講述武林世家愛恨情仇的故事。劇組在臺灣物色女主角，首要條件是要有真功夫。最終劇組通過報紙的報導，追蹤到頻頻現身於武術表演舞臺的劉皓怡。經過試鏡，劇組認定這位世新大學的在讀女生，是女主角的最佳人選。皓怡正好也有時間，劇組同意遷就她的功課，雙方一拍即合。雖然後來皓怡入選中影培訓班，也不影響電影開工。

《稚子闖江湖》是這部電影的原名，由於成龍新片《師弟出馬》風靡一時，電影公司想把片名改為《師妹出馬》。彼時「某某出馬」電影名十分流行。臺灣新聞局下令不准跟風，所以片名最終改成《俏師妹》。

《俏師妹》如期在臺北開拍。皓怡雖是新人，但從小就有登臺演戲的經驗，再加上她會自己根據劇情設計武術動作，對導演的要求往往能夠心領神會，開工後進展十分順利。期間皓怡入選中影培訓班，更讓製片人覺得沒有看錯人，劇組人員紛紛向她祝賀。然而製片人的高興勁還沒有過去，皓怡就來告假，要出境參加哥倫比亞影展。根據新聞局安排，哥倫比亞之行還包括前往委內瑞拉、玻利維亞、烏拉圭、巴拉圭等，展開一系列宣慰僑胞活動，演員們要登臺表演節目，與當地政府互動交流，時間長達一個月。

製片人聞知此事，立即慌了手腳。劇組有王冠雄、袁小田這樣知名的演員，檔期都是有限的。製片人對皓怡說，作為獨立製片，電影一天不拍，公司就會損失很多錢，何況她是女主角，希望她放棄參加影展的機會。

祖籍浙江的王冠雄，於一九四九年十月出生於台南，一九七三年進入演藝圈，處女作是《潮州大兄》。在拍過《俏師妹》之後，於一九七九年成立「樺梁」影業公司，一九八〇年憑著在陳俊良執導《茉莉花》中的表演，奪得第一七屆金馬獎影帝，一九八一年與林青霞、楊惠珊、柯俊雄等合作出演《慧眼識英雄》。尤其值得一提的是，一九八四年王冠雄因打獵與當時的印尼總統蘇哈托女婿結緣，轉而經商。曾在蘇門答臘島開林場、修鐵路、建碼頭。

領銜主演的袁小田，是知名香港演員及武術指導。一九一二年出生於北京，一九三七年應粵劇紅伶薛覺先邀請赴港，在粵劇中負責指導北派武打場面，被稱為「京劇武生」。一九三九年進入電影壇發展，從事武打替身工作，參演成龍電影《蛇形刁手》、《醉拳》。他是香港武指界的鼻祖，向成龍與洪金寶傳授武術。成龍與洪金寶都稱他「師父」，甄子丹稱他「師祖」。袁小田一共有七個子女，六個都是香港電影演員或導演，即袁和平、袁信義、袁祥仁、袁日初等，大名鼎鼎香港功夫電影「袁家班」之父。袁小田拍完《俏師妹》這部電影，隔年於一九八〇年一月過世。

皓怡並不想節外生枝，也很珍惜與這些大牌明星合作的機會。但中影副總經理張法鶴決定讓她參加哥倫比亞影展，就直接把她的名字報到新聞局。組團參展是新聞局的官方行為，皓怡已經加盟中影，當然要服從新聞局的安排，沒有商量的餘地。再說，隨團參展也是機會難得，可以讓她開拓眼界，擴大知名度，有利於自己未來的發展。

製片人看皓怡敬酒不吃吃罰酒，就把演出合同拿出來，要求她履行合同，否則就要對簿公堂。皓怡這才想起簽署合同那天的情景。本來接洽演出之事，都是媽媽出面，皓怡少不更事，並未過問。由於還是學生身分，皓怡與劇組起初沒有白紙黑字寫下一紙合同，只是口頭約定。

從第一天拍攝開始，劉母差不多就天天在片場陪同。有一天劉母未到片場，拍攝中途休息時，製片人手裡便拿著一疊紙，對大家說：「來來來，大家都來簽字！」於是大家排著隊，一個個在列印好的紙上簽字，沒有人仔細去看合同內容。皓怡身邊一位化妝師還說：「奇怪，我拍了這麼多電影，從來沒有這樣簽過合同。」劇組所有人都簽了，包括演員、職員和後勤人員。皓怡也跟著簽了。

十九　世新大學勸休學

香港正明影業公司依據劉皓怡所簽合約，要和皓怡打官司。

媒體很快得到消息。演員官司本來就博眼球，一經報導，便廣受關注。由於皓怡已屬中影旗下演員，又是哥倫比亞國際影展訪問團成員，這條新聞甚至引起新聞局的關注。當時臺灣常常發生合約糾紛，讓影壇變得烏煙瘴氣。

正當皓怡束手無策之際，劉母出面，找到《俏師妹》製片人。她說：「我女兒簽的合同是無效的，因為她不滿二十歲，還沒有成年。」製片人一聽，傻眼了，只知她是在讀生，並不知道她的具體年齡。製片人只好認倒楣，馬上跟兩位大牌明星協調，根據皓怡參展行程，調整開工檔期。

媽媽化解官司這件事，加之早前錯過中影甄選演員報名日期，也能把名字補上，其靈機應變和辦事能力，讓皓怡十分佩服。從此，她就在這位「星媽」護航下，開始了她的大銀幕生涯。

其實《俏師妹》製作人並不吃虧，反而賺到了，不過是把電影宣傳期提前，而且是在國際場合做宣傳。臺灣組團參加哥倫比亞影展，成為新聞焦點，所到之處都有鎂光燈跟隨，也包括「中央社」記者。一個臺灣妹在中南美洲的舞臺上大秀真功夫，讓人耳目一新，關注度不低於同行的成龍。《俏師妹》也因此未映先紅。

本來劇組是啟用新人擔綱主演，如今新人不新，未出道就紅到了海外。《俏師妹》的宣傳海報上，堂而皇之地寫上女主角劉皓怡「代表臺灣參加哥倫比亞國際影展」，並稱她是「北派少林拳巾幗奇英」。

不過皓怡當時是兩邊受困，除了《俏師妹》險些打官司，另一個困擾來自世新大學。世界新聞大學，由大陸赴台的教育家成捨我創辦。臺灣新聞界與影視界很多知名人士，都是從世新大學畢業。皓怡的專業是電影製作編導。

學生請假，本來只需要向老師報備，告假一個月，則要經過校方批准。誰知校長不准假。

「學校向來無此先例，如果你一定要去，乾脆休學算了。」校長對皓怡說。看來毫無商量餘地。

世新大學電影編導系主任袁叢美聞知此事，表示贊成劉皓怡告假參加影展，並企圖說服校長。袁叢美說：我們學校的在校生，被新聞局邀請參加國際影展，是一件值得驕傲的事，也是學校的光榮。雖然告假長達一個月，但此事與她所學專業有關，也算是學以致用，應該給予支持。落下的課可以補上。

袁叢美是電影界知名人士，一九〇五年出生於湖南長沙，曾是小學教員，後投筆從戎，進入黃埔軍校，期間參與北伐戰爭。一九二八年退伍後，在上海從事電影事業，出演過十二部默片，其中一部是與阮玲玉主演的經典影片《小玩意》。七七事變爆發，袁叢美拍攝中國抗日戰爭題材電影《熱血忠魂》，是首部在美國公映的國片。袁叢美一生拍片無數，二〇〇三年獲頒第四十屆金馬獎終身成就獎。

由於袁叢美的遊說，加上皓怡父親請一位立委出面幫忙，世新大學最後同意皓怡參加影展團，以公假方式處理。

皓怡拍戲將近一年，才從世新大學畢業。在校期間，有拍過八釐米的實驗電影，皓怡自編自導自演，飾演一個女毒梟。她在學校還曾主持過世新大學上一屆同學的畢業晚會。皓怡從大學畢業後，與學校保持著良好的關係。學校擴建大禮堂，皓怡曾被邀請返校，在大禮堂接受訪問，演唱歌曲。之後又參加過一次世新大學「校報」邀請的明星聚會訪談。

在接拍《俏師妹》同時，皓怡有出演舞臺劇《小勇士》。本來想專心演出《俏師妹》，但接洽她出演這部舞臺劇的人，是她小學六年級演出兒童劇《金龍太子》合作過的毓子山，盛情難卻。毓子山，原名愛新覺羅・毓　，是著名崑曲家愛新覺羅・溥侗之子。世新大學有很多同學加盟演出《小勇士》，皓怡心想，不妨把它作為一種課業。巧的是，她在《小勇士》中的角色，和在《俏師妹》的角色一樣，都需要女扮男裝。

毓子山親自帶著皓怡去男生理髮廳剪頭髮，剪成男孩的平頭。正當青春年華，皓怡有一頭烏黑秀髮，突然要被剪掉，讓她著實掙扎了一番。由於舞臺劇與電影《俏師妹》都有這個要求，她只好鼓勵自己要有專業精神，除非自己不做這一行。頭髮剪好後，皓怡照著鏡子，才發現自己這張臉，若做男孩子，自有一番風韻。

後來電影拍好了，頭髮卻遲遲長不長。她一照鏡子就懊惱：「本來就挺男孩子氣的，這下更沒有女孩味兒了！」她每天梳呀梳，就希望頭髮長快點。做事一向有耐心的她，說服自己別太心急。

無論排練舞臺劇，還是演電影，一頭短髮的皓怡，似乎更容易投入角色。如果演回女生時，就要戴頭套。演員演出都不免要戴頭套，皓怡也不例外，幾乎每一部戲都有戴頭套。身上更是被裹得裡一層，外一層，十分辛苦。

在拍攝《俏師妹》時，皓怡雖然是武術專業人員，但也不是所有招式都會。跳木樁，在繩索上練功，她就不會。導演知道她有武術功底，若是不會，要現學現做。武術指導要求的，她都要設法去做好。

劇中飾演皓怡師兄的一位演員，是體校畢業的武術指導。他在拍一場用長竹竿打鬥戲時，一不小心，被竹竿戳到嘴，一顆牙馬上就被崩掉了。這算小傷，止血後繼續拍戲。電影殺青後，皓怡跟著這位演員到體操館學過體操翻滾。她認為，體操除了表現「美」，還能表現出「力」。有了體操的基礎，做武打動作時，就能表現出強勁有力的效果。

《俏師妹》製作完成後，片商曾通知她看樣片，而她當時很忙，連看樣片的時間都抽不出來。皓怡接連參加了兩個影展，還要赴外島「勞軍」。

《俏師妹》不僅在臺灣發行，也在香港和東南亞上映。在海外上映片名仍為《師妹出馬》。錄影帶則有進入大陸市場，一些大陸觀眾是從這部電影開始初識劉皓怡。多年後皓怡赴印尼登臺，看到印尼仍有《俏師妹》的鐳射盤出售和租借。

二十　「參展演員」

劉皓怡一九七八年出道，迅速在全台擁有較高知名度，成為報紙娛樂版關注的焦點人物。

媒體稱，劉皓怡簽約中影後，就在中影和中視的安排下，各處參展和「勞軍」，結果還沒有作品出爐，人先紅了。劉皓怡拍攝的《俏師妹》，於次年（一九七九年）九月才公映。皓怡打趣自己是「參展演員」、「勞軍演員」。

皓怡從中影培訓班合格畢業，隨即便接連參加哥倫比亞與巴拿巴兩項影展。而加盟中視，除了偶爾在一些單元劇中露面，主要是代表中視陸續參加三次「勞軍」活動。

臺灣媒體稱，皓怡「十八般武藝，樣樣精通」，無論參展或「勞軍」，她的表演總是最特殊的，一套拳、腳、刀、劍，都是真功夫，看得人嘖嘖稱奇。練得一身好功夫的她，也為自己帶來了「盛名之累」。每到一處，都有人想拜她為師，而且大多是堂堂男子漢。

皓怡向媒體分享自己練武的心得：「練武為的是強身，防身，對於一個女孩子來說，尤其是如此，並不在於炫耀、攻擊他人，或者惹是生非。練習中，最重要的是專心，全神貫注。」

作為一個花容月貌的女孩，又擁有一身功夫，多項獨門絕技，中影有參展活動，中視有「勞軍」活動，首先就會想到她，讓她一展所長，宣慰阿兵哥，弘揚國術於海內外。唱歌雖然是主秀，但無論是專業歌手，還是演而優則唱的演員，大有人在。皓怡則是全能藝人，不僅能打，亦能舞能唱。

媒體報導還稱，在許多才藝中，她都能表現得出類拔萃，全歸功於學習國術，國術讓她深深體會到「專心」二字。早期武術家常有不識字的「粗人」，而皓怡作為一代新人，則具有各方面的素質，破除了人們對武林人士「除了國術，一無所長」的固有印象。

以臺灣新聞局名義、由中影組團參加的第十九屆哥倫比亞影展，由張法鶴帶隊。當時臺灣沒有專門的官方電影機構，由新聞局統領電影事業。除了皓怡之外，出訪的還有胡慧中、上官靈鳳、劉夢燕等，以及從香港特邀的成龍。此時成龍剛剛走紅，《蛇形刁手》、《醉拳》確立了他喜劇風格的動作片定位，而且紅透港臺。

影展代表團從臺北出發，先前往洛杉磯，再轉機飛往哥倫比亞。已經淡出影壇、擁有美國綠卡的上官靈鳳，在洛杉磯與代表團成員會合。成龍則直接從香港出發。同機出發的還有香港導演吳思遠。一九四四年出生於上海的吳思遠，一九六六年進入香港邵氏兄弟的南國實驗劇團編導科學習，畢業後任邵氏公司場記、副導演，是香港知名大導演。一九九八年，獲香港特區政府頒授的銅紫荊星章。

據媒體當時報導：「除了上官靈鳳的功夫舞外，最精彩的表演就是劉皓怡的拳腳、雙鉤、耍刀等武術表演，讓當地華人與外賓看得目瞪口呆，掌聲連連。」

最震撼的一次發生在玻利維亞。代表團成員赴一家夜總會參加活動，當地幾位男歌手故意在代表團面前賣弄，邊唱歌邊翻筋斗。眾人不服，都推皓怡露兩手。於是皓怡不顧身穿時尚衣裝，一個筋斗翻上臺，前後左右一陣翻滾，又表演了一套少林拳，羞煞那幾個男歌手，把現場氣氛推到最高潮。隨團採訪的當地媒體，見證到這一幕，爭相報導中國功夫。

中南美洲人士崇拜中國功夫，但在他們的觀念裡，打拳踢腿的都是虎背熊腰的男子漢，沒想到如今一位嬌小秀氣的小女孩，竟也練就了一身絕活，耍單刀、舞雙鈎，身手靈活矯健，不讓鬚眉。於是，外國佬打聽她的背景及武打段數，然後迅速展開「挖角」行動。

這次出訪，皓怡初識上官靈鳳。當地人沒有什麼時間概念，吃飯往往不準時，何況代表團又常常趕路，到了飯點也不能吃飯。有一次就餐之後，上官靈鳳把桌上多出的點心，打包帶在身上。等大家進行下一次活動，不能及時吃飯時，她就把點心拿出來，分給大家，十分暖心。上官靈鳳是偕母親一起出席影展。

二十一

「功夫劉」

劉皓怡隨團參展，當地媒體的報導以「功夫劉」稱呼劉皓怡。在巴拿馬，一所天主教教會大學校長，語氣懇切地請皓怡擔任該校武術老師，他握著皓怡的手，久久不肯放開，把皓怡弄傻了，不知如何拒絕才好。幸而張法鶴過來解圍，用一句「保持聯繫，再考慮」，就擋了回去。

飛到委內瑞拉，皓怡在招待華僑的酒會上，應邀表演一套功夫。酒會一結束，就有人拿著「神龍武館」的名片找到她，請她去武館表演指導。由於行程滿檔，她不便脫隊，就學著張法鶴的辦法，告訴對方：「下次來再考慮，保持聯繫！」成功推脫。

哥倫比亞電影節主辦方一位官員更直接，用英語對皓怡說：「劉小姐，功夫很好，你是否願意留下來發展？我們給你辦我們國家的護照。」皓怡在校英語學得也不錯，就以英語回覆他。中南美洲充滿異國風情，是一個旅遊觀光的好去處，不過要留在這裡發展事業，就不敢想像了。

當地與臺灣差異性很大，尤其在口味方面。有一次在厄瓜多爾登臺表演，當地軍政要員宴請代表團成員到鄉村俱樂部吃牛排。他們自己吃得津津有味，代表團成員則難以下嚥，因為不適應那股腥味。

代表團展開對當地華僑的慰問演出，表演節目，放映臺灣電影。委內瑞拉電視臺對舞蹈表演有全程錄播。中影根據哥倫比亞影展的經驗，參加巴拿馬影展為皓怡添製了好幾套漂亮的「功夫裝」。當地媒體報導稱，劉皓怡長相甜美、溫文爾雅，尤其以一身功夫，讓很多委內瑞拉人喜歡上她。

皓怡除了領略了中南美洲的風土人情，也學會說西班牙語的應酬話。兩次參展歸來，皓怡想定下心來，好好拍幾部像樣的電影。她對媒體說：「畢竟電影才是我的本行，不想只做一個參展演員。」

張法鶴感歎，選中劉皓怡參加影展沒錯，從一路上的表現看，皓怡真是一個多面手，能唱能舞，武功一流，毫不怯場，從容自若。張法鶴拍著她的肩膀，給予她一番誇讚。皓怡則在心裡暗暗佩服媽媽，心想：「媽媽讓我學的技能，都用上了。」

皓怡參加哥倫比亞影展之前，還是一位名不見經傳的在校生，參加三十多天的活動返台就發現，記者都叫得出她的名字。原來臺灣社會通過媒體報導，已經認識到這位影壇新秀。皓怡帶著曬出來的棕色皮膚，開心地和媒體打招呼，愉悅中帶著疲憊。

返台後，迎接皓怡的是一連串的中期考試，緊張得她吃不下，睡不安。缺課日久，皓怡不願一向不錯的成績因而退步，因此不眠不休地加緊複習。《俏師妹》劇組看女主角載譽歸來，也立即通知她歸隊復工。

一年之內，劉皓怡代表中影到哥倫比亞、巴拿巴、泰國及亞洲各地參加影展，總共跑了二十多個國家。三月是哥倫比亞影展，八月就是巴拿馬影展。中美洲舉行的影展都是張法鶴帶隊。

一九八一年四月，皓怡畢業一年，入行兩年多，只拍了兩部電影，一部是獨立製作的《俏師妹》，一部是中影的《天狼星》。媒體當時說，劉皓怡參加影展和義演次數之多，可直追鄧美芳，但在拍片數量上卻瞠乎其後。鄧美芳，臺灣資深藝人，一九七〇年代曾與鄭少秋、林青霞合作拍攝楚留香系列電視劇。

頻繁出外參加影展和義演，讓皓怡失去很多拍片的機會，因為她不想再引起像《俏師妹》那樣的糾紛。皓怡剛出道時，想法簡單，受到中影重視，她自然深明大義，在海外推廣國術，義不容辭。每次被中影徵召，她都是欣然應命。皓怡對媒體開玩笑稱，自己的一身功夫，都抵不過她的「推戲」功。她說：「兩年來，我推掉的片約很多。」

中影不太干涉皓怡在外面接戲，只是她自己擔心檔期安排有衝突。從來沒有軋戲的經驗的她，根本不知道如何安排自己。她說：「我喜歡生活單純些，常覺得接觸愈多，煩惱就愈多。」

才離開世新校門，缺乏長袖善舞的交際手段，使得她在星運甚隆之際，反倒顯得彷徨無措。既捨不得「推」，又不敢貿然「接」，只能歎一聲「明星難為」。

二十二

成龍贈鞋

劉皓怡中南美洲之行，有不少值得記述的故事。

參加哥倫比亞影展，代表團成員從臺北搭機出發時，竟與前輩藝人白嘉莉同在一個航班。此時的白嘉莉已經嫁到印尼，與「木材大王」黃雙安結為連理，淡出演藝圈，伴夫開拓新事業。

坐在商務艙的她，聽空姐說有影展代表團在飛機上，就走到經濟艙與大家見面。她和張法鶴是好朋友。白嘉莉和相熟的藝人打招呼，張法鶴就特別向白嘉莉介紹新人劉皓怡。在皓怡眼中，眼前這位大名鼎鼎的白嘉莉，舉手投足，儀態萬千。只是當時她想不到的是，有一天自己會和白姐一樣遠嫁印尼。

皓怡參展要表演武術，隨身帶的都是「真刀真槍」。兵器的材質多為不銹鋼。有一次在哥倫比亞表演雙鉤，由於賣力過度，居然把麥克風一刀砍下，震動全場。

成龍觀賞劉皓怡表演雙鉤，連連叫好，感覺很特別。成龍對皓怡說：「這個不錯，我要跟你學學！」成龍武功底子深厚，多看皓怡幾次表演，就學會了基本招術。成龍說，會在電影中設計一段表演雙鉤的橋段。

和皓怡不同，成龍作為當紅影星，登臺時只需要演示幾個動作，比如當時流行的蛇形拳和醉拳。中南美洲的人喜歡中國功夫，成龍和皓怡的表演大受歡迎。當地人又熱情又直爽，除了大讚成龍之外，也把皓怡描繪得神乎其神，儼然是一代「巾幗英豪」。

陪同成龍出訪的是他的經紀人陳自強。陳自強在香港被譽為「巨星推手」和「金牌經理人」。在全盛時期，旗下藝人達到四十多位，先後有張曼玉、鍾楚紅、張學友、鄭裕玲、王祖賢、梁家輝、劉嘉玲、趙雅芝、任達華、張艾嘉等。

卡塔赫納是哥倫比亞一座美麗的海濱城市，皓怡一行人在下榻酒店的對面街上，邊逛街邊聊天。成龍為人豪爽大方，看到皓怡在表演時穿的運動鞋不夠時尚，特意挑了一雙藍色運動鞋，買下送給她，作為初相識的紀念。在此後的行程中，皓怡一直穿著它表演。

在參加哥倫比亞影展和慰僑行程中，「中央社」一位駐外記者跟隨報導，一路上對皓怡多有照顧。倆人都姓劉，便結拜為「兄妹」。這位哥哥說，我們劉氏本家人，武功高超，表演精湛，一路下來，不斷製造轟動效應，很難得，不簡單。有關中南美洲的相關報導，他一篇不漏地剪報給皓怡。回到臺灣後，他們便各有各忙，聯絡不多。

皓怡簽約中影，除了出境參加國際影展，島內的活動也不少，其中包括金馬獎頒獎儀式。本地主辦演藝界活動，中影旗下演員自然要忙前忙後。金馬獎創辦於一九六二年，原由新聞局主辦。皓怡不僅要配合走秀、表演，甚至還要接待入境貴賓。

皓怡和應采靈曾一起去機場迎接好萊塢巨星伊莉莎白‧泰勒。當伊莉莎白‧泰勒出現在桃園機場時，引起很大轟動。在這位國際大明星的美豔面前，皓怡和應采靈都驚訝得不能呼吸。此時的伊莉莎白‧泰勒，已經兩度獲得奧斯卡金像獎最佳女主角獎。一九六一年憑藉《青樓豔妓》獲得第三十三屆奧斯卡最佳女主角，一九六七年又憑《靈欲春宵》獲第三十九屆奧斯卡最佳女主角。一九六三年主演的《埃及豔后》更是超級電影經典。

應采靈也是皓怡好朋友，曾和林青霞齊名，顏值也不輸給林青霞。在產量有限的膠片時代，其中有一年應采靈就主演過六部電影，她在李行導演的賞識下，與鍾鎮濤合演《美麗與哀愁》，與林青霞合演中影大片《中國女兵》。雖然應采靈比皓怡年齡還小，但走紅得快。而在皓怡步入影壇不久，應采靈便於一九八二年結婚息影。

皓怡除了參加各種影展，也曾受邀赴加州進行義演。皓怡主演的電影在當地頗有影響力，故而受到主辦方邀請，甚至安排她和媽媽等人乘坐商務艙。那次義演還有藝人胡茵夢。籍貫遼寧省瀋陽市的滿族人胡茵夢，曾有「臺灣第一美人」的稱號，榮獲金馬獎最佳女配角獎，與臺灣作家李敖有過短暫婚姻。其父胡賡年是政治活動家，早年曾在黃埔軍校任教官。

皓怡和胡茵夢除了登臺表演，也有時間遊覽當地風光。皓怡特別留心美國的藝術表演，其中有機會觀賞太陽馬戲團表演。這個馬戲團對傳統馬戲表演的顛覆性詮釋，以其豪華且極具震撼的舞臺表現力，讓皓怡深受啟發。在這個全球知名馬戲團隊伍中，也有華裔面孔的演員。華裔演員超高的特技表演很受歡迎。

還讓皓怡難忘的是曾去金門「勞軍」，首次有機會近距離瞭望大陸，給她留下深刻印象。與皓怡同行的有恬妞、周丹薇、秦祥林、楊惠姍等。皓怡也曾去澎湖「勞軍」。

皓怡剛入中視還曾以助理身分主持節目，主持人為純正蒙古人血統的包國良，他是中視也是臺灣最資深的電視主持人。雖然現在幾乎見不到包國良，但是當年紅火的時候，卻是無人不知，無人不曉。

作為大名鼎鼎包國良的主持助理，皓怡十分開心，也學到很多。他們共同主持的電視節目是歌唱比賽《奪標》。她稱呼包國良為「包叔叔」。

包國良說話很幽默，聊天時，他對皓怡說，剛出道的新人叫他「包叔叔」，略有名氣的叫他「包大哥」，等更有了名，能夠與他平起平坐，就直接叫他「老包」了。

二十三 韋振甫探班

「中影待我很不錯，處處替我著想，適合我的戲，一定找我出演。所以我接外面的戲，都要先看中影的安排，以中影的戲為主，不濫接戲。」劉皓怡曾公開向媒體表達對中影的感激之情。

皓怡出道時，都是膠片電影，成本高，產量有限。即使中影這樣的官方大公司，對旗下眾多演員來說，也是僧多粥少。皓怡與中影簽約三年，只拍了兩部電影。同行說，已經很不錯了。

皓怡出演中影的第一部電影《天狼星》，也是她出道以來的第二部電影。這是中影鮮少觸及的武俠片，或許是因為中影簽了這位「武林公主」，而特意為她量身訂製，顯見中影有心栽培她。

《天狼星》由張美君執導，劉皓怡、吳三洙等主演。出品時間為一九七九年，監製是中影董事長辜振甫。影片講述明朝末年白蓮教的故事。皓怡演出褚仙一角。其他主要演員還有于珊珊、姜大川、唐威、李環春、史仲田、張復健等。

皓怡雖然已經拍過一部電影，但作為一個新人，仍在摸索階段。中影各方面的要求與獨立製片商也不同，加上導演張美君要求高，皓怡拍戲時，不斷NG。張美君常說：「不行，還不夠有力，再來！」於是皓怡只有不斷地死打硬打，直到導演滿意為止。

劇組在臺灣中南部拍外景，演員要在山上峭壁邊打邊追，人若掉下去，不只會摔傷，甚至會傷殘。台南龍崎山區，地形屬阿里山山脈尾稜。演員每天要兩個來回的翻山越嶺，十分辛苦。皓怡有恐高症，在高處打鬥時，腿像被釘子釘住一樣，踢不起來，所以要一再重複。一段時間之後，才克服恐高的心理障礙。回到住處，皓怡躺在床上，朦朧之間，耳邊還迴響著導演的聲音：「再來一遍，腳踢高一些！」

張美君從韓國請來著名武術家吳三洙出演男主角，皓怡跟他有很多對手戲。習武之人拍對打戲，都是真打。只是為了配合鏡頭，要運用一些技巧，突顯美感與力道。張美君只要覺得有一點小瑕疵，或鏡頭不對，都會重新來過。膠片拍攝，現場不能倒片，導演要從鏡頭裡看效果。

《天狼星》的服裝設計師龍思良，很有自己的風格，設計的戲服十分講究，在專業上也很自我。他給片中武師設計的服裝，很像日本武士，又寬又厚，裡一層，外一層，穿在身上感覺很重。遇上夏天拍戲，又戴著頭套，辛苦程度可想而知。

當時媒體曾對皓怡有這樣一段報導：導演一聲「開拍」，就看她在導演的要求下，不斷翻滾，滿臉風沙。其中一場戲，「父女倆」找不到東西吃，從地裡刨出生紅薯，為求真實，不顧紅薯上有泥土，表現出吃得津津有味的樣子，展現不一般的敬業精神。工作上表現如此，休息時則安守本分，不大聲嬉笑，對後勤工作人員和善，是她銀幕外的另一種形態。媒體稱她的潛力「是繼上官靈鳳、嘉凌之後，最有前途的武打女星」。

皓怡回顧這段往事時說，做武打演員不容易，由於都是真打，不僅要付出較多體力，被打得也很痛，很痛還要耍帥。拍動作片的辛苦就在這裡。

張美君原籍山東文登，一九四四年出生於韓國漢城，在漢城度過青少年時光。當時的韓國正值黑白電影時期，張美君深受當時韓國少壯派導演的啟發。十八歲時以僑生身分，保送進臺灣師範大學就讀。張美君執導的電影類型極為廣泛，從歌舞片《南國一朵花》、瓊瑤式電影《在水一方》、中國首部立體武俠電影《千刀萬里追》到神怪片《無字天書》。一九八一年曾自組影業公司，因為票房失敗而賠盡積蓄，並因債務而短暫入獄。

在拍攝《天狼星》時，辜振甫曾到片場探班，和演員一一握手，並邀請劇組人員一同進餐。皓怡還記得，辜振甫帶著幼女辜懷如一起前來。辜懷如被辜振甫視為掌上明珠。由於年齡相仿，在餐敘時，皓怡與她頗多互動。辜老過世後發生「辜振甫私生女案」，為此辜懷如曾去警局做親子DNA鑒定，一還父親的清白，冒充「私生女」案的一對母女也終於伏法。

中影成立於一九五四年，初期的中影，製片與活動悉以政策為導向。中影第一任董事長為戴安國（戴季陶之子），第一任總經理為李葉。一九七二年，辜振甫繼任中影董事長，並於一九七四年斥資打造當時亞洲最大的專業外景拍攝基地——中影文化城。中影是臺灣唯一最具規模的電影製作公司。

對於出道伊始主演的兩部武俠電影，皓怡通過媒體做過自我評論。她說：「其實，就拿我演過的兩部電影《天狼星》、《俏師妹》來說，我並不認為我演得好，打得好。」她說：「我認為《天狼星》裡打得好，但造型太過簡單，演來不甚滿意。雖然《俏師妹》造型不錯，但卻打得不夠好。」

儘管如此，媒體普遍認為皓怡在《天狼星》的演出十分精彩，奠定了她在電影圈的地位。這部《天狼星》還為她在美國打出名號，除了加州邀請她參加義演，美國導演也千里迢迢前來商請她拍戲。

皓怡小時候學過九節鞭，九節鞭很不好練，臺灣沒有幾個女性練過這種兵器，也幾乎用不上。不過當初媽媽說，多學點無妨，她也就練了。後來登臺表演九節鞭，媒體曾有報導。

想不到這位美國導演要拍的一部武俠片，就要找一位會九節鞭的女主角，而九節鞭是皓怡的看家本領。本來劉母與這位導演談得很好，但因為檔期問題而沒能接拍。

第四章

星光熠熠

二十四　與林鳳嬌連袂拍片

《辛亥雙十》是一九八一年出品的臺灣電影。該片由中影與邵氏兄弟兩大電影公司合拍，描述的是辛亥革命的故事，曾獲第十九屆金馬獎最佳劇情片、最佳原創音樂及最佳電影插曲三個獎項。

狄龍飾演鄧玉麟，劉皓怡飾演鄧玉麟妹妹鄧荷瑛。皓怡主要與狄龍演對手戲。林鳳嬌飾演余素貞。本來皓怡是演狄龍角色的太太，考慮到林鳳嬌也是演賢妻良母角色，所以改成狄龍的妹妹。本來就是虛構人物，導演丁善璽覺得原著不妥，說盡就改了。其他演員還有柯俊雄、王道、爾冬升、凌峰、劉德凱、徐明、汪禹等港臺兩地的演員。林鳳嬌角色是王道角色的太太。這是皓怡演出的第二部中影電影，也是她繼《熱血》之後，個人演出的第四部電影。

出演的全是大牌明星，只有皓怡一個新人，而皓怡的戲份一點不比別人輕，與林鳳嬌的戲份本來差不多。劇組宣傳造勢都稱，林鳳嬌與劉皓怡分任文武雙旦。因此讓她倍感壓力。加盟中影以來，第一次參演中影大戲，而當時中影旗下女星很多，中影挑來挑去，挑中她。皓怡興奮地對媒體說：「很開心與眾多大牌明星合作，他們都是我學習的對象。」作為新人謙遜的態度，備受媒體稱賞。

當媒體再稱她為「俠女」時，她馬上糾正說「我現在是烈女」。出演一位革命志士的妹妹，她從「俠女」變成「烈女」角色。皓怡爽快的聲音和動作，都是現代女性獨有的——剛強、明朗，不拖泥帶水。

在拍攝《辛亥雙十》之前，有人接洽她拍《沙家十五女英豪》和《中國女兵》，另有一部賭片也在談。中影則希望她專心一致地把《辛亥雙十》拍好，而且為了不破壞形象，不希望她去拍賭片。皓怡覺得中影頗費苦心提拔自己，要保護她的形象，她也就欣然接受中影的意見。

那段時間，有很多獨立製片邀她演出，都吃了「閉門羹」。除了少數是中影回絕，大多數是被拒在她這一關。於是就有人以為皓怡很難「外借」，也有人認為她有架子了。

其實中影的計畫很多，在《辛亥雙十》之前，曾兩次為她安排拍攝計畫，前有《大地狼煙》，後有《最後一場戰爭》，都一再耽擱順延。由於這些都是正片，為了怕自己影響到東家的戲，所以她都一再推掉「外借」片約。原先計畫的都還沒有拍，結果《辛亥雙十》說拍就拍了。

在臺灣本地取景拍攝的《辛亥雙十》，是一部超強製作的大片，拍攝手法也與一般電影不同。拍攝一般的戲，只用一台攝影機，這部電影多有爆破與特大場面，現場要動用兩三台機子，從不同角度拍攝。馬隊上「蛇山」的時候，皓怡等演員都騎著馬，沿途就有爆炸。馬一聽到爆炸聲，就會嘶鳴躍起。拍攝過程也是驚心動魄。

丁善璽給皓怡留下了深刻印象，他處處表現出專業的精神與態度，要求也非常嚴格。丁導演對皓怡這個新人特別關照，每拍一個鏡頭，都很耐心地給她說戲，幫助她理解人物的心態。有一次拍戲時，丁導演親自幫皓怡整理衣袖，發現頭髮不對，又幫她理頭髮。

皓怡把壓力變成動力，把片場當成課堂，從始至終都在認真地學習。一部《辛亥雙十》拍下來，讓她感覺像是再次從電影學院畢業一樣。丁導演啟發式的導演方式，著實讓她開竅不少。丁導演教會她如何觀察人物的年齡、職業、個性等，作為演員如何表現出這些特性。電影雖然是導演的創作，但是演員並不只是完全隨導演的意思去做，演員應該有本身的生命。當導演的要求與自己的感覺不一致，或著眼點不同，就要與導演溝通，努力達成一致。

皓怡說：「丁導演處理感情戲最擅長，有幾場激情的戲，我經由導演教導，都能自然地真情流露。丁導演真的好棒呀！」不少導演看到她在《辛亥雙十》的真情表演，都說她可以演苦情戲。

不過拍這樣的大戲很累。剛開始拍還不覺得，到後來就有些吃不消，每天收工，全身的骨頭像散架一般。畢竟她是當家武旦，每天刀來槍往的，沒有體力真的支撐不住。有一次，她不小心摔傷，卻不願因此耽誤拍戲，咬著牙把當天的武戲拍完。

一九三五年出生於山東青島的江蘇人丁善璽，當年以拍攝「愛國電影」聞名。他執導的電影有《英烈千秋》、《八百壯士》等。憑《英烈千秋》獲得亞太影展最佳導演獎、最佳編劇獎，憑《八百壯士》獲得亞太影展最佳作品獎及金馬獎最具發揚民族精神特別獎。畢業於台藝大的丁善璽，編劇出身，由著名導演李翰祥提攜入行。

拍攝《辛亥雙十》期間，皓怡與狄龍相處愉快。狄龍是香港知名演員，一九六八年考入邵氏公司的南國演員訓練班，先後與張徹導演、楚原導演合作，拍過很多武俠電影。他從小學過詠春拳，武打招式豐富多彩。狄龍曾獲香港電影金像獎最佳男配角，臺灣金馬獎最佳男主角獎。

狄龍可以說是皓怡心中的偶像。皓怡說，她小時候常和媽媽一起，看狄龍與姜大衛搭檔主演的武俠片。

二十五

發牢騷要解約

在《辛亥雙十》劇組，劉皓怡稱狄龍為「狄大哥」。狄龍為人謙虛敬業，沒有一點大牌作風。他的敬業精神給皓怡留下深刻印象。

在拍皓怡的鏡頭時，狄龍會在一邊和皓怡對詞，而在拍狄龍的時候，他也要求皓怡在一邊對詞。皓怡接受訪問時說：「狄龍拍戲好認真呀，我跟他學到不少，尤其是敬業精神。」在臺北拍夜戲，劇組會送狄龍和皓怡回去。狄龍一定讓劇組先送皓怡回家，再送他到酒店。

邵氏早期動作片，主要是狄龍與姜大衛主演。同劇組的爾冬陞，是姜大衛同母異父的弟弟。

劇組的大牌明星，大部分是皓怡初次接觸。凌峰是臺灣綜藝節目主持人和歌手，後來赴大陸拍攝紀實節目《八千里路雲和月》，撞開當年兩岸尚未解開的冰封。該節目在港臺以及日本、新加坡、美國、加拿大播出，三百餘集，播出時間長達六年，真實再現了中國大陸改革初期的社會風貌。之後，皓怡還與凌峰在新加坡參加亞洲巨星慈善晚會。

作為《辛亥雙十》兩個女主角之一的林鳳嬌，演繹事業已經達到頂峰，在十多年銀幕生涯中，共演出過七十多部影片。她與秦漢、秦祥林、林青霞合稱為「二秦二林」。一九七九年，林鳳嬌憑著在《小城故事》中啞女一角的精彩表演，榮獲金馬獎最佳女主角獎。她與鍾鎮濤主演的這部電影，配上鄧麗君演唱的主題曲及插曲，給人以完美的視聽享受。拍完《辛亥雙十》不久，林鳳嬌就息影了，做了成龍「背後的女人」。

《辛亥雙十》在當時獲得的轟動效應自不必說，幾十年之後，當沒有人再想起《辛亥雙十》這部電影時，皓怡翻看當年媽媽的剪報，意外看到《聯合報》刊登的一則新聞，嚇了自己一跳。一向很乖的她，原來也曾發飆。

這則刊登於一九八一年十月二十二日的報導寫道：

> 《辛亥雙十》上片前，第二女主角的劉皓怡發了一頓牢騷，她發現自己在

戲中的幾場重頭戲竟然不見了，以至於她後來在戲中死得不明不白。懊惱之中，不免流下眼淚。劉皓怡想到自己為了拍攝《辛亥雙十》，飾演烈士鄧荷英，推掉了幾部電影，以免其他片中角色，損傷《辛亥雙十》烈士形象，結果所獲竟是如此。她考慮要刊登啟事，宣布與中影解約。

劉皓怡看《辛亥雙十》毛片時，時長有三個小時，當時感覺真的是一部中影與邵氏合作的年度大片。後來可能考慮市場的要求、戲院放映時間的限制，最終上映剪成一小時五十分。劉皓怡自認為演的最好幾場真情流淚的戲，都被剪掉了。作為演員，劉皓怡相當惋惜，但導演有導演的考量。

皓怡相當後悔自己當初在媒體面前鬧情緒，雖然說解約只是一時氣話，實際並沒有這樣做。事過境遷，皓怡對中影當年給予自己的機會與栽培，仍十分感恩。這種不愉快的事，若不是看到剪報，自己完全想不起來了。

皓怡還記得，中影董事長辜振甫雖然身居高位，平時難得一見，卻很關心自己，不斷地鼓勵自己。有一次，辜振甫與夫人辜嚴倬雲一起參加中影剪綵活動，辜振甫見到她，特別走近她，稱讚她表現不錯，鼓勵她再加油。辜嚴倬雲也走到她身邊，嘘寒問暖，關心備至。辜嚴倬雲是北大首任校長嚴復的孫女。

美國華文報紙《華美日報》也曾報導劉皓怡與中影的關係，《兩年半退劇本十二個》，發表於一九八二年十一月十三日。其中寫道：

> 血液是A型的劉皓怡，待人接物有禮貌，自稱是出生在臺灣的安徽人。父母與大哥都是A型血。
>
> 她自認：A型血，性子急，多愁善感，心地善良。
>
> 拍電影需要耐心，一場戲往往要反覆拍，所以演電影慢慢讓她改掉了急性子。

三年只拍了五部片，在某種程度是被中影的合約所束縛。田鵬找過她，七賢請過她，三年推掉的劇本有十二個。其中一些劇本都沒看過，就被中影拒絕了。

雖然可惜，但也要感謝中影替她把關，否則可能會拍出不少爛片，有損於自己的銀幕形象。她特別感謝中影對她的重視，在影圈穩步發展。

每一個成功的藝人，都應該捨棄個性上的好惡，扮演不同的角色。打坐和瑜伽，都是皓怡日常的課目，所以她應媒體所請，在眾人面前盤膝、托掌的架勢，十分自然，獨具魅力。

皓怡雖然想要擴展自己的戲路，但從不考慮走性感路線，主要還是她自認與生俱來「不擅狐媚」，狐媚，絕不是後天可以造就。皓怡作為科班出身的演員，在老師和導演所教以外的表演，都沒有嘗試過或有抗拒心理。

演員大多都會為雜誌拍攝藝術照，照相師會成為戲劇之外的另一種導演，多數演員言聽計從，並在不斷的NG中找出最理想的紙上造型。皓怡通過一系列出自照相師之手的造型圖片，自我鑒定說：「我的眼睛不會放電，走不了性感路線。」

所以她決定專心走自己擅長的路線，不去弄巧成拙地嘗試性感表演。

二十六

約滿中影

一九八一年，劉皓怡還拍過一部電影《熱血》。製片人是歌仔戲「明華園」老闆陳勝福，由皓怡世新大學學長邱銘誠導演，編劇張毅也是世新學長。這是一部員警題材的電影，演員有胡慧中、凌雲、李小飛、龍君兒等。

皓怡最初不接拍文藝片角色，孫榮發導演（《大地勇士》導演）建議她試試看，所以才接下《熱血》。很多人以為她在這部描寫員警生活的片子裡會飾演女刑警，其實她飾演的是刑警角色凌雲的妻子，全是文戲。

皓怡以前之所以只接武打戲角色，其中一個原因是她對武戲比較熟，演起來得心應手。這次接拍文藝片，不是要改變戲路，與拍文藝片女星搶飯碗，主要是想嘗試一下，磨練磨練演技。皓怡拍下來的感受是，武打片主要講究的是動作好看，而文藝片側重內心戲的發揮。揣摩角色內心的感覺，把它傳達出來，實在不是一件簡單的事。

皓怡通過這部戲與陳勝福結緣。陳勝福邀皓怡和媽媽看他們歌仔戲的公演，甚至希望皓怡參加他的劇團。皓怡不會說閩南話，要唱要跳倒不難，學說閩南語就不容易了，需要花時間，困難較大。

陳勝福剛從父親手上接管明華園，並成立佳譽電影公司。那段時間主攻電影。之前拍了一部軍事片《大地勇士》（一九八〇年出品），接著就投拍這部《熱血》。不過後來陳勝福還是轉回歌仔戲，專心經營明華園。

歌仔戲是閩南語系傳統地方戲，也是臺灣的地方戲曲。明華園於一九二九年創立，陳勝福是創辦人陳明吉的第三個兒子。當時的明華園當家花旦是陳勝福後來的太太孫翠鳳。孫翠鳳能文能武、亦生亦旦，挑戰生旦淨丑各種角色，跨足影視和唱片等多個領域，後來主演電視劇《女巡按》而在大陸擁有知名度。皓怡拍戲時，孫翠鳳就在劇組管財政。

明華園是一個大家族，當時陳勝福的兄弟和孫翠鳳的兄弟，都在劇組裡擔任武術指導和演員。明華園對歌仔戲做了很多創新，把電影的吊鋼絲、噴霧的技藝搬到舞臺上，美化了舞臺，提高了歌仔戲的層次，因此在臺灣口碑很好。之後陳勝福結婚，皓怡做了孫翠鳳的伴娘。

皓怡約滿中影後，沒有再續約，也沒有簽別的公司，而是以自由人身分繼續發展電影事業。沉寂一段時間之後，她開始與楊登魁合作拍電影。

中影作為官方機構，有龐大的資源，這是無庸置疑的，但旗下簽約藝人卻常常不能順心順意。

《聯合報》於一九八一年十月二十二日有一篇報導，可以作為參考：

電影界有一種說法，中影從未捧紅過一位明星，簽下來的基本演員經常要等到別人捧紅了以後，才「迎鳳回巢」。對這種說法，中影並不承認，但影界人士大多深信不疑。

對於電影界人士所說「中影從未捧紅過一位明星」，皓怡以前也不相信，後來她也基本贊同這種說法。

蘇明明和劉皓怡、胡慧中，都是中影演員訓練班的同學，蘇明明與中影簽了約，中影卻沒有適合的劇本讓她發揮，後來她連「參展明星」也不想當了。

胡慧中是在飛騰公司出品的《歡顏》中紅起來的，此事影界已有公論。中影讓她回巢擔綱演出《皇天后土》，並因而獲得提名角逐金馬獎的機會。中影對胡慧中有再造加工之實，卻沒有捧紅的功勞。

中影在「教化不必賺錢」和「企業化經營多賺錢」兩種經營路線之間彷徨，因而無所適從。有關演員的訓練和栽培，也因為製片量大減而感到有心無力，所以旗下基本演員多有去心。

港臺動作片處於不景氣狀況，皓怡曾有一段時間彷徨苦悶。父兄曾主張她繼續求學或留學，但她對電影仍有期待，選擇繼續等待。後來媒體盛傳她將赴美讀書，可謂無風不起浪。不過她向媒體澄清，她只是利用空檔去探親，不是留在美國發展。

二十七
楊登魁電影

劉皓怡與登魁影業公司開始合作，於一九八三年、一九八四年共拍四部電影。先是拍攝《紅粉兵團》（飾演醉貓）、《紅粉遊俠》（飾演桃太娘）。當時流行大卡司（Cast），一部電影中彙集眾多知名女星。

《紅粉兵團》的導演朱延平，是以拍攝喜劇走紅影壇的快手，在該片中介紹各位女主角身分的序場，能掌握住精簡有力的原則。七個大牌女星彙集一起，賦予她們每個人完全不同的造型。這是電影最大的噱頭，也是對觀眾最有吸引力的一點。

林青霞扮演一名獨眼的匪首，帶著六名女將去搗毀日軍的「生化城」。其餘六位是：一頭黃髮扮相怪異的神槍手楊惠珊；機靈卻膽小的扒手彭雪芬；整天煙不離口的煙槍葉倩文；沒酒就活不了的東洋女俠劉皓怡；打扮花枝招展的妓女程秀瑛；像泰山般打扮的力度山徐俊俊。這在當時臺灣影壇可謂是空前組合。

《紅粉遊俠》由另一位導演傅立執導，也是大牌女星匯聚，女卡司仍然是林青霞、楊惠姍、彭雪芬、劉皓怡、葉倩文、程秀瑛等。故事開始講述林青霞扮演的匪頭「玉面狐狼」和姐妹欲搶奪黃金，被冷君天（劉德凱飾）手下官兵圍困。

這兩部電影上映時，由於女卡司彙集而造成不小的轟動，眾多女星和幾位男主角，每人一幅一人高的個人看板，擺放在各大影院門口兩邊，讓演員感覺受尊重，同時聲勢浩大，票房大賣。楊登魁為自己的創意獲得成功而感到非常滿意。

大卡司多，拍攝現場人也多，出出進進，特別忙碌，開工一天花費也特別大。製片方加緊趕戲，儘快完成拍攝。在金沙海灘拍戲，夜以繼日地工作，十分辛苦。海灘拍戲，腳陷在沙裡，拔不出來，使不上勁，重心不穩還會栽倒。在沙裡騎馬，經常是人仰馬翻。

皓怡需要軋戲，每天疲於奔命。夜裡風很大，又冷又困又累，要靠喝咖啡加濃茶提神。皓怡隨身帶著不銹鋼的大保溫瓶，裡面泡著濃濃的烏龍茶，再倒入咖啡，有雙重苦味，雖然難喝也要喝，只為提神。有一場戲是坐在吉普車上在海邊巡邏，冷風吹得人受不了。開機時，演員們都表現得雄糾糾氣昂昂，一停機，一個個都凍得打哆嗦，馬上找外套披上。

楊登魁有豪爽的一面，又是一個細心的人。演員拍他的戲，他都會照顧得很好，替演員想得很周到。他知道夜裡冷，準備好高粱酒給大家禦寒。光喝高粱酒還不夠，他還讓工作人員準備檳榔，喝高粱加上嚼檳榔，的確更有效一些。嚼了檳榔，就會感到喉嚨發熱。

一部電影拍下來，皓怡與眾多演員都成為好朋友。她稱林青霞為「青霞姊」，稱楊惠珊為「惠珊姊」。彼此相處融洽，相談甚歡，並且常常分享小零食。雖然大家聊得熱絡，下了戲都各回各家，鮮少往來，除非在公開聚會場合再次碰面。主要是大家都在事業高峰期，各有各忙。

幾十年過去了，皓怡仍然記得當時的一些場景。林青霞無疑是最大牌明星，自然是媒體關注的焦點。有一次一位神祕人士來探班，大家私下會傳一傳，但無人向媒體報料。林青霞與皓怡曾被媒體稱為「一文一武」兩星。當時明星常常登臺作秀，一家報紙報導的標題是《本姑娘作秀去了》，並列刊登林青霞與劉皓怡的大幅照片。

有一次，皓怡參加電影公司舉辦的招待會，穿了一襲輕便深藍色毛料短裙洋裝，深藍色短靴和及膝襪套，搭配著剛從中南美洲買回來的駝羊毛披肩。林青霞見到她，立即走過來，上上下下欣賞一番說：「皓怡，我喜歡你這套裝扮，很好看！」過後，林青霞又走過來誇讚一遍。看來她確實欣賞這套裝扮。

葉倩文外婆曾經煮了一大鍋酸菜排骨米粉湯，讓葉倩文帶到片場和大家分享。皓怡與葉倩文還一起上電視節目。有一次拍攝春節檔節目，葉倩文穿著古裝，非常有型，正跟劉皓怡在攝影棚外聊天。這時有記者走來，要為倆人拍照。葉倩文與皓怡便大方地讓記者拍照。

正與新光集團吳家少爺吳東亮熱戀的彭雪芬，每天滿面春風。吳東亮即後來的台新金控董事長。拍完紅粉系列電影不久，彭雪芬便閃婚嫁入豪門。出生於一九六〇年彭雪芬，後來經歷了一場轟動全台的綁架事件。一九九〇年，吳東亮在臺北被胡關寶集團綁架勒贖，彭雪芬帶著一億元台幣現金付贖，讓吳東亮平安獲釋。主犯胡關寶於次年被判處死刑。

楊惠珊那陣子軋戲很多，她的姐姐經常陪伴她。楊惠珊父親有時會來探班。楊伯伯喜歡京戲，和皓怡媽媽在片場遇見，就有聊不完的話題。皓怡媽媽每次都會帶好些零食，與大家一起分享。

皓怡曾讓楊登魁大發雷霆。由於她與中影無約，中影總經理明驥親自來遊說她，讓她參加一個影展代表團。皓怡勉為其難地答應了，便向楊氏電影公司請假兩周。楊登魁一頓大罵，說她愛出風頭，喜歡出去玩。

當時電影拍攝正酣，每個人手上都有幾組戲在軋，皓怡若脫隊參加影展，就會把進度耽擱下來。

二十八　人在江湖

電影圈往往涉足於黑道，香港和臺灣皆如此。劉皓怡出道拍電影，有種「人在江湖」的感覺。

臺灣電影圈有「綁約」一說，知名喜劇演員許不了被傳就是如此。許不了愛賭成性，賭過頭了，賭債就用拍片與登臺償還。許不了，又名「小伯樂」，有「臺灣卓別林」、「一代笑匠」之稱。那陣子許不了片約秀場都很滿檔，他特別訂製改裝了一台工作車，他的親戚幫他開車，沒拍到他的戲，他就在工作車的床上睡覺休息。

皓怡為楊登魁拍的電影，都與許不了有合作。許不了的雜耍奇技，在選場上無人可比，讓皓怡認為，他是一個挖掘不盡的寶藏，對不識字的許不了在舞臺上表現出的即興才情，十分佩服。許不了的太太深諳佛理，每天禮佛、念佛，是一個虔誠的佛教徒。許不了受太太影響，在北投建了一座佛堂。在片場閒聊時，許不了對佛理的闡釋，常讓皓怡為之動容。

皓怡興起拜師的念頭。對於小妹提出不情之請，許不了欣然應允，答應收徒，認為她有慧眼。皓怡一向認真，既然是拜師，就要一盡跪地叩拜之誠，奉上束脩之禮。許不了也不會保守，教授魔術和口技，如學海鷗叫的口技表演，也送她一些魔術小道具。

皓怡在東南亞登臺作秀，為了舞臺節目效果，有時會小露一手。如在演唱《海鷗》間奏，表演幾聲海鷗的叫聲。在個人秀中穿插一些小魔術，更有娛樂效果。

那陣子皓怡和許不了一起拍戲，一起登臺作秀，常看到他休息時給自己打針，手上腿上，都是針孔，讓皓怡十分不捨。可惜他三十四歲便英年早逝，因酒精性肝炎導致心臟衰竭。

香港女星凌波首開港臺影星作秀之風，一時間，影星作秀變成電影不景氣時一種主要的表演活動。「三胡」——胡茵夢、胡冠珍、胡慧中，有時作秀所占時間比拍電影多。楊惠姍、劉皓怡和夏光莉等，作秀票房媲美電影票房。皓怡甚至還被稱為「功夫秀」。臺灣藍寶石大歌廳的海報，皓怡被冠之以「邵氏俠女」。

陸一嬋及陳麗雲等以歌星起家的影星，作秀的癮頭比拍片還大，樂不思蜀。恬妞早已把作秀視為主要演藝活動，電影反成了副業。娛樂場所之所以邀請影星作秀，主要是想利用他們的知名度，吸引好奇的觀眾。

一九六三年，由淩波、樂蒂主演的《梁山伯與祝英台》瘋魔臺灣，淩波女扮男裝，十分成功，因此媒體一直稱她為「梁兄哥」。她當初掀起作秀之風，只是為了滿足影迷一睹偶像的機會。歌舞廳興盛，互相之間存在競爭，邀請明星作秀就成了競爭的重要手段，甚至西餐廳也以影星作秀作招徠。

對影星來說，由於電影市場低迷，經常拍戲不能第一時間拿到片酬，又擔心因置閒被觀眾遺忘，於是通過作秀給自己一個曝光的機會，也有頗豐的酬勞。有的影星未必會唱歌，則以展示其他才藝來彌補。

楊登魁在臺灣中南部與臺北的秀場很強，皓怡拍楊登魁的電影，也到他的秀場登臺，而且檔期排得很滿。當然登臺有豐厚的酬勞。有一次皓怡對楊登魁說：「楊大哥，我想去參觀你的賭場。」楊登魁連連說：「你不要啦，你不要啦！」其實皓怡不過是想感受一下賭場的氣氛，有利於拍賭場的戲。楊大哥則認為，皓怡不屬於那一類人，故不讓她接近。

高雄「藍寶石」夜總會也是楊登魁的秀場。和皓怡一同表演的，有當時還沒有出名的江惠，那時皓怡就喜歡她的嗓音。皓怡在前臺演唱費玉清的歌曲，連唱帶武，有一段高亢雄壯的曲段，江惠總拿著麥克風，在後臺主動合聲。皓怡對這個女孩印象很深，感覺非常好。看到她後來唱紅那麼多歌曲，成為臺灣「歌壇一姐」，很是為她高興。

皓怡與有「秀場天王」之稱的「豬哥亮」也常有合作。早前他在「藍寶石」打雜，後因一次頂班而一炮走紅，逐步成為臺灣最知名主持人之一。

那段時間皓怡小哥做經紀人，楊登魁看中皓怡小哥，想讓他也來拍戲。兄妹倆長得像，應該也很上鏡。楊登魁的眼光沒錯，皓怡小哥兒時被選中過童星。皓怡在軋戲，忙不過來，有人就開玩笑說：「你忙不過來，就讓你哥哥化個妝，幫你拍，拍個特寫也沒有問題。」

由於皓怡爸爸和大哥都反對小哥從影，所以他沒有去拍戲。楊登魁數次接洽，甚至在皓怡息影後也有沒有放棄，小哥都婉言拒絕。

那段時間每次見到記者，皓怡都要特別介紹小哥：「這是我的親哥哥！」以免被人用異樣眼光來看待。

二十九

與「大鋼牙」演對手戲

除了《紅粉兵團》和《紅粉遊俠》，劉皓怡還參演另外兩部楊登魁電影——《情報販子》（陳俊良導演）和《糊塗妙諜立大功》（程剛導演）。《情報販子》參演演員還有徐少強、許不了、楊惠珊、葉倩文、袁祥仁、理查・基爾、蜜絲蒂蘿伊、劉尚謙等。《糊塗妙諜立大功》參演演員還有楊惠珊、許不了、凌雲、夏玲玲等。

楊登魁電影一向有很多大卡司，這一次把「〇〇七」電影中的「大鋼牙」理查・基爾請來了，工作一周時間。理查・基爾身高二一七釐米，所到之處，引得路人紛紛圍觀。皓怡和楊惠珊、葉倩文在女性中，算中等偏高的個頭，但站在「大鋼牙」面前，就成了小矮人。合作演員都很喜歡這個大夥伴。

理查・基爾外表看起來不像善類，卻是一個柔情似水、性情溫和的男人。這從他與日本妻子之間的互動可以看得出來。皓怡用「小巧玲瓏」來形容他的妻子。倆人站在一起極其不協調，但這就是愛情的力量。理查・基爾還帶著一位外科醫生。由於他的體型過大，如果拍戲出意外，當地醫生會不知如何決定他的藥劑量。葉倩文是在加拿大受教育，可以用流利的英文與他交流。

理查・基爾抵達臺北，便轉往高雄，在港口遊艇上拍戲。這位巨無霸看似健碩有力，在遊艇上手腳卻不俐落，可能是因為體型太大或怕水，大家只有遷就他。皓怡第一次與國際影星合作，一路拍下來也蠻有趣。

皓怡為了拓展戲路，多做嘗試，不惜自毀形象，在本片中反串一個獨臂老太婆「查大媽」。該片上映後，業內人士若不細看，可能就疏忽查大媽是已經成名、挑大樑多年的劉皓怡。年輕的女演員只要聽到大媽的角色，不管其形象是正是邪，早就退避三舍。若再因此而定了型，簡直就意味著銀幕事業撞上南牆，很難再有發展。

最終說服皓怡的是導演陳俊良。陳導演給她啟示，演出老旦可以提升演技，拓展戲路，其實是件好事，並舉了成功的例子。他說：「在《情報販子》原著裡，幾個長相不佳的人物，都有最生動的戲劇發展，造型讓人一看，是難博青睞，但以整體為準，我認為這種年齡，外型上的衰老妝扮，十分有價值。」陳導演還允許皓怡在造型上自由發揮。受「大鋼牙」的啟發，皓怡把大門牙塗黑一顆，顯示是一位缺牙的老太婆。

新加坡《聯合晚報》於一九八三年十一月二十九日刊登過一篇報導：《斷臂老婦，亦真亦幻／劉皓怡犧牲形象，被洋鬼又摔又打》。訪問地點在臺北，從報導中可以看出做藝人的辛苦。全文如下：

劉皓怡放棄十月赴美義演一個月的機會，參加楊氏公司新片《情報販子》的演出，為此還引得主辦電視臺十分不諒解，讓她頗費了一番口舌才解釋清楚。

她無奈歎道：「我現在懷疑，自己這麼做是否值得？」

她飾演「查大媽」角色，講述起「她」的模樣，還真會嚇人一跳。

年紀五十餘，斷臂獨手，是個神偷。「你一定認不出那就是我，因為我化好妝時，連我媽都不認得我了，何況是別人呢？」

一部戲從頭到尾去演一個「不像自己」的角色，這樣的犧牲，值得嗎？

「我本來也不想接的，可是看完劇本後，又覺得其餘角色都不適合我，楊老闆（楊登魁）一再說，查大媽非我莫屬。」

劉皓怡平時推戲的最好辦法是避而不見，一旦面對面坐下來，她就不好意思說不了。於是查大媽就這樣落在劉皓怡的頭上。

「導演本來怕我不肯演，所以弄了個三十歲的中年造型給我，可是並不理想，反而變成不老不小，活像個呆板的教授，我一狠心，說要老就老到底好了，反正豁出去了。」

老花眼鏡一掛，滿面皺紋，再加上個阿婆頭，劉皓怡的大膽嘗試，終於給自己的銀色歷程寫下新的一頁。

「有時候我覺得自己很委屈，有時候又覺得挺好玩的，尤其是聽人家說『真像』的時候，我真不知道是該哭還是該笑。」

劇尾，劉皓怡還要和美國影星「大鋼牙」理查・基爾對打。

「為了練扒手功，我用腳趾去挾槍，NG了幾個小時，反覆地再來一次，最後把腳皮都踢翻了。還有練功時不小心，一刀砍到食指，白白地都見骨了呢。好可怕，送醫院縫了十幾針。」

劉皓怡一面訴說自己的傷口如何「噁心」，一會又問記者要不要瞧一眼。

「縫針之後，不知為什麼，突然又腫起來，我真怕它會發炎。」

撐著一隻受傷的指頭，劉皓怡還要長途開車到高雄去拍戲。「明星」這份讓人羨慕的工作，還真不好做呀。

拍攝這部電影，讓皓怡有幸與香港袁家班的袁祥仁相識，此後，袁祥仁邀請皓怡接拍了兩部袁家班的電影。

三十　同伴拍戲致殘

各種題材的電影，通常都是風水輪流轉，流行一陣子，就轉向了。相對來說，武打電影始終都有市場。那些年以少林寺為題材的武打片相當多，在亞洲地區也頗受歡迎。與楊登魁合作告一段落，一九八三年，劉皓怡又主演了一部臺灣電影《少林童子功》，接著與香港片商合作拍攝了三部電影，分別是《風林火山》、《奇門醉天師》、《陰陽奇兵》，後兩部都是與袁家班合作。

《少林童子功》（《少林小小子》）是一部明末古裝戲，皓怡飾演的角色叫金燕。其他演員還有羅銳、劍勳、王浩、黃根彪、荊國忠、葉勇等。臺灣聖賢影業公司製作，育民影業公司發行，戴徹導演。

科班出身的新銳導演戴徹，在其父張琦的支持下，以戴徹領導的「戴家班」弟子，組成聖賢影業公司，專門製作動作片來開拓海外市場。曾在邵氏導演張徹手下擔任副導演的戴徹，本身對武術頗有根基，加上六年邵氏工作的經驗，對拍功夫電影較為擅長。由港返台後，戴徹拍攝的第一部電影是《少林與忍者》。

當時，臺灣共有五部功夫片在拍攝，而且都是冠以「少林」。對此戴徹表示，只要題材新奇、功夫動作真實、製作過程認真，海外市場仍需要這類影片。何況他的這部《少林童子功》已經在海外賣掉。至於臺灣本地市場，將就片論片，也就是等剪接、沖洗、製成拷貝後，再讓片商觀看，看片出價，以示片子經得住評估。

《少林童子功》不是以少林寺本身的故事延伸成一部電影，而是以鄉土鄉情為背景，再加上少林童子功，編織成一個感人的故事。由於《少林與忍者》在海外反應不錯，海外片商鼓勵戴徹再拍動作片，並且預付了訂金，所以他才構思這部電影。

在當時的電影圈，從戲劇學校出來的比較多，翻滾是他們的基本功。像皓怡這樣從武術界進入電影圈的不多。在拍《少林童子功》時，就有一批是從戲劇學校出來的孩子，他們多來自李棠華特技團。這些孩子在片場表演疊羅漢，讓皓怡稱賞叫絕。皓怡反而讓小朋友教授自己一些技巧。

李棠華在臺灣有「特技、雜耍之父」的美譽。棠華特技團成立和走紅於上海，一九四九年李棠華率團赴台，把內地特色的雜技帶到了臺灣。李棠華的團隊經常出國巡迴演出。

拍武戲有一定的危險性，拍攝這部電影時就遇到了。一個劇校出身的武術指導，名叫武浩，會翻會滾會跳。一九八三年七月一日拍戲時，有一場戲跳彈簧床，武浩落地點不對，結果頭栽地。劇組為此停拍四天。這次事故，造成這位武術指導半身不遂，從此臥床不起，令皓怡感到十分惋惜。武浩曾在片場教過皓怡一些套招，讓皓怡一直心存感激。

多少年過去了，皓怡還和同伴一起去探望癱瘓在床的武浩，幫助他解決生計問題。如今每當提到這部電影，皓怡還會想到他，不知他是否安好。

為了表演逼真，片中的武功特技，都是演員的真功夫。在跳彈簧床事故之前，一場疊羅漢的戲，造成皓怡右手擦傷。當時並沒有停拍，收工後媽媽才帶她去看中醫。

《少林童子功》七月底殺青，接著趕工剪接、拷貝、配音，九月初在泰國、印尼、新馬及美加地區上映。中影一直有意拍一部高水準的功夫片，打進海外市場，並且看中戴徹。在拍攝《少林童子功》期間，雙方曾有接觸。

皓怡作為知名女星，媒體都是設法挖掘她的感情故事，即使沒有找到任何憑證，也能寫出一篇生動的報導。

在接拍這部電影之際，《民生報》於當年五月十四日，發表過一篇報導，《除卻功夫衫，流露嬌滴滴，劉皓怡為情改變自己》，從一個側面也可以看出皓怡的女性魅力。全文如下：

如果不是情竇初開，劉皓怡怎麼會有這麼大的轉變？

雖然劉皓怡依然是接《少林小小子》的功夫片，雖然依然把十八般武藝當作自己最愛談論的話題，雖然身邊不是哥哥相伴就是母親相隨，但是這個姑娘在剎那間成為俏女郎的轉變，絕對另有文章。

她比過去更注意自己身材的保養。她開始留意鏡中的影像，而更多時候，會像說溜嘴般編織、描繪她的幻想，然後赧然地否認，屬於她的愛情故事，只是一班遲到的列車，仍在延頸企盼中。

成熟是需要時間的。但是成熟的感覺，卻是在瞬間驚異覺察到的。

劉皓怡也有一些沾沾自喜。以前，別人望向她的眼光裡，激蕩著對她行業的親切。現在，注目的焦點中，氾濫著一種流連的情愫。

到了像一個女人的年齡，真好，很多奉承的話，構成新的趣味，很多試探的活動，有如刺激的冒險。

不知道可不可能，劉皓怡真希望她有機會，以這種造型出現在銀幕上，把裹在民初裝裡的玲瓏，擴展為新的魅力。

三十一

「活命菩薩」

一九八三年出品的《風林火山》，又名《浪子鷹娃》、《虎鷹》，是劉皓怡主演的一部香港電影，她在片中扮演鷹娃。由香港恆生影業公司出品，邵氏公司導演孫仲執導。其他演員有莊泉利、黃仁植、白鷹、李昆、田豐等。

拍這部電影是一次特別的體驗，皓怡飾演的鷹娃，是一個從小愛養鷹的少女，片中要跟老鷹搭檔拍戲。故事描述皓怡駕馭老鷹追蹤敵人，與敵人搏擊。皓怡非但造型不同以往，戲路也有顯著改變。這是一部以製作取勝的功夫片。

孫仲看上皓怡，是因為不需要替身的漂亮身手。而皓怡則推掉其他片約，全力配合該片作業。皓怡一反一貫的嚴峻、潑辣的銀幕形象，不但表現出高強功夫，也體現出善良、多情的一面。她是片中唯一的女演員。

配戲的老鷹來自臺灣一家「鷹園」。劇組安排皓怡去鷹園受訓一個多月，讓訓鷹師教她如何與老鷹互動，讓她瞭解老鷹的性情。為了讓老鷹聽話，能夠一叫就來，皓怡將一隻小鳥綁在小棍上，讓老鷹看到。當老鷹向皓怡飛來時，就開機拍攝，然後剪頭去尾，讓觀眾感覺好像她一叫，老鷹就飛過來。由於朝夕相處，皓怡對配戲的老鷹有了感情，分別時依依不捨。

老鷹是一種猛禽，它有鋒利的爪子和鷹喙，看起來很嚇人，若被襲擊一下，就會受傷。但是做演員沒有選擇，再怕也要去適應。拍戲時皓怡的手臂要裹上皮套。而手掌多處被老鷹抓傷，傷得還很嚴重。媒體用「玉手傷痕累累」來形容，可見皓怡的敬業精神。

本片是香港恆生公司最大手筆的投資，號稱兩千萬預算，大部分用於製片，在搭景、道具的選擇上，都有著超乎一般的精緻。劇組在高雄龜山外，搭景拍攝一場決戰南禪寺的戲，石佛造價就達八十五萬，但是製片公司絲毫不猶豫，對孫仲的要求從來沒意見。之後又在台南拍了幾天外景。這部電影不僅造價高，拍攝時間也很長，整整拍了半年才殺青。

《浪子鷹娃》的導演孫仲，是一個很好的導演。皓怡說拍戲過程愉快。一部電影拍完，皓怡與孫仲成為好朋友。後來在媽媽陪同下，皓怡去洛杉磯義演，定居在洛杉磯的大哥，還請孫仲導演夫婦一起吃飯。孫仲是一九四一年生於臺灣的山東人，在臺灣藝專編導班畢業，曾在電影公司任場記及副導演，一九七一年加盟香港邵氏做導演。

《浪子鷹娃》在中南部上映時票房大賣，令影院老闆歡欣鼓舞。《臺灣日報》一九八三年五月七日報導：

劉皓怡又到中南部巡迴登臺作秀，她的影迷紛紛前往捧場。影院老闆都表示：這個「活命菩薩」，總算把最近一連串的虧損，都補回來了。

劉不同於以往武俠女生的花拳秀腿，扎實的功夫，贏得觀眾的青睞。目前劉是臺灣功夫女俠唯一接棒人，只要是武俠片，片商首先想到的女主角人選就是她。

中影總經理明驥，就曾找她洽談，中影出資五千萬，由她主演一部武俠動作片。

以劉的經驗，一部片子的成功，除了投資，還要有善於拍攝武俠片的導演和精於製作的公司，多方配合才能拍出好片。

報導中提到中影計畫製作武俠大片，是在皓怡與中影約滿之後。皓怡表示願意「回巢」拍戲，可惜計畫未能落實。

第五章

演而優則唱

三十二

印尼華裔演員

誰都知道電影圈複雜，是炒作緋聞的是非之地。而劉皓怡一直被媒體稱為「緋聞絕緣體」。直到拍攝《浪子鷹娃》，才首次傳出所謂「緋聞」，男主就是該片男主角——在香港發展的印尼華裔演員莊泉利。臺灣一家報紙曾有這樣一篇報導，《劉皓怡與莊泉利外傳在相戀階段》，報導如下：

劉皓怡不只紅透臺灣，也名傳於海外。加之新片《虎鷹》（《浪子鷹娃》）令人期待，印尼娛樂商邀她到雅加達及各埠表演。

恆生公司當家小生莊泉利，亦飛返印尼，據聞，一是探親，二是辦簽證手續，三是為劉皓怡盡地主之誼。

據圈中人透露，劉皓怡與莊泉利合作《虎鷹》後，感情很好，交往漸密，大家都視他們在「相戀」。所以要趕回去協助與相伴，並與劉皓怡再同時赴港作宣傳。

劉皓怡與母親抵港，恆生老闆包明到機場迎接。

在私人生活方面，皓怡和母親都是低調處理，不希望媒體拿自己的隱私做文章，何況是捕風捉影，無中生有。皓怡為人一向溫文爾雅，遇到這種事情，黑臉都是媽媽去做。

對於莊泉利，皓怡說，戲拍完了，就各走各的路了，不會像報紙上所報導的那樣，尤其他還是圈中人，更加不會有牽扯。

中文網站對莊泉利的記載有限，若查他的印尼文名字Willy Dozan或Billy Chong，就知道原來他從港臺退影後，在印尼的發展才是他人生事業的高峰期。

莊泉利曾在港臺以及日本、美國生活數年，學習和演出動作片。曾就讀於美國加利福尼亞州的Kahana特技學校，是演員Leo Chandra的弟弟。

莊泉利有數次結婚、離婚的經歷，一九九〇年，他為了結婚，從一名基督徒皈依伊斯蘭教。料是帥哥魅力不減，二〇一〇年他還與一名出生於一九八二年的女性結婚。可圈可點的是他在事業上的成就。莊泉利一直沒有離開過電影事業，拍攝電影與電視劇，直到新冠疫情大流行。二〇一八年出品電影《目標》，二〇一九年出品電影《洗衣展》，最近推出的是一部《愛國者：拯救印尼》的電影。皓怡嫁到印尼後，除了早期有過一次不期而遇，對他後來的發展知之甚少。

一九八三年三月，皓怡在印尼逗留二〇天，之後由恆生公司安排，於三月二十三日再由雅加達赴港，為《浪子鷹娃》作宣傳。皓怡在印尼表演唱歌，還要表演國術，雙節棍是她的隨身行李。誰知經過香港海關時，雙節棍被海關人員要求留下。皓怡解釋雙節棍是表演之用，不是攻擊性武器，才被放行。

皓怡攜帶道具兵器搭機，每每惹出狀況。由於這些道具都是貨真價實的兵器，機場不允許帶上飛機。有一次在日本通關時，海關掃描器顯示行李中有可疑金屬物品，一時情勢緊張，日本海關會同員警掏出長槍，讓皓怡打開行李檢查。

皓怡過境香港兩天，與恆生老闆包明、導演孫仲一起出席記者招待會，並在「歡樂今宵」節目現場接受專訪及唱歌。在記者會上，香港記者問，外傳她在拍此片時，和男主角莊泉利的感情不俗，已是一對男女戀人。皓怡否認說：「我們只是好朋友，他在臺灣時，我一盡地主之誼。這次我赴印尼登臺，莊泉利也有捧場，作為特別嘉賓，在節目中與我合唱。」

皓怡在記者會上，應記者要求當場表演雙節棍。記者都對皓怡的真功夫讚不絕口，當即給了她一個封號——臺灣「新武俠影后」。

皓怡在「歡樂今宵」節目中表演雙節棍，通過電視直播，讓香港觀眾不僅感到新鮮，而且都讚打得精彩。香港片商就按捺不住了，馬上打電話接洽她。行動最快的是香港新藝城電影公司。該公司由麥嘉與黃百鳴、石天創辦，拍攝過多部賣座電影，如《追女仔》、《最佳拍檔》系列等。

麥嘉與合夥人曾志偉看過她的表演後，立即與恆生聯絡，約皓怡當晚見面，希望她能為新藝城拍攝一部新片。新片在港拍三個月，還要到西雅圖拍三個星期。皓怡本人表示願意，最後因檔期問題沒有談攏。

三十三

在袁家班軋戲

香港袁家班的電影，是劉皓怡所拍最後兩部電影，由香港羅維影業公司出品，在臺灣取景拍攝。

為了滿足市場對袁家班電影的需求，袁家班的電影拍攝已到了出神入化的程度。這兩部電影就近取景，同時開機，演員需要往來穿梭。《奇門醉天師》（又名《鬼馬天師》），演員有袁日初、劉皓怡、袁祥仁、袁信義、太保、朱海玲、羅壁玲等。由袁祥仁導演。《陰陽奇兵》，演員有袁日初、劉皓怡、關聰、太保、任世官等。由陳志華導演。袁振祥是這兩部電影的武術指導。

《奇門醉天師》於拍攝當年——一九八四年十一月公映，《陰陽奇兵》一年多之後公映。《奇門醉天師》在香港上映分級為「青少年及兒童不宜」，並創下五百三十二萬港元票房。

拍戲那段時間，皓怡說「把時間全部賣給袁家班了」，除了洗澡，幾乎沒有自己的時間。晨昏顛倒，不分晝夜，讓「一代俠女」的功夫也打了折扣。在一場和袁日初的對打戲中，竟然擋不住袁日初的「招式」，跌倒在地，眼白破裂。當時是凌晨四點，求醫無門，只得以眼藥水自行處理。所幸傷勢不重，除了淚水不受控制直流，沒有大礙。皓怡還被吊起來，撞向柱子，結果一不留神，從半空中摔下來，休養了好一陣子。

演出功夫戲需要保持體力，才能有良好的發揮，所以原本皓怡是抱定「軋戲」免談的態度，但是一同拍攝《情報販子》時，被袁祥仁熱忱的工作態度和敬業精神所軟化，明知「軋戲」之苦，也毅然答應了。過後，皓怡向媒體感歎：「別人可以軋幾部戲，我才軋了兩部戲，就昏天黑地起來。」

皓怡此前拍的戲，都是以正統武打動作片為主，因接受了袁祥仁建議，有意改變造型和戲路，投向喜劇動作片。皓怡與袁家班合作，常常與同伴交換習武心得，對袁家班拍戲嚴苛的態度十分佩服。她認為，改變戲路以後，收穫豐富，工作起來格外愉快。

袁家班很懂得吃。在片場拍戲，一般情況下，由劇組提供便當，每個人都是一樣，有時也提供炸醬麵。如果熬夜拍戲，就會安排夜宵。導演有時會讓劇務做「叫化子雞」，野外不缺柴火。先在山上買放山雞，再用泥巴包裹住雞，煨烤出來，原汁原味。

在這兩部片中，袁日初與皓怡是男女主角，結果在兩部戲的片場之間，演出了一幕「騎單車軋戲」。劇組人戲稱「從觀音山打到士林片場」。演員都要跟著通告跑，早上在淡水觀音山拍外景，中午下山進入到士林片場拍內景。兩個片場相距五百公尺。袁日初覺得走路麻煩，找來一輛單車，方便趕戲。一身戲裝的「俠士」騎單車，畫面甚是有趣。皓怡要求搭便車，一身古裝猶如新嫁娘，坐在單車後座，猶如穿越時空而來的民初人物。

在《奇門醉天師》中，皓怡美的與醜的形象都有。為了演出老妝，導演專門請香港化粧團隊在她臉部上石膏，做人皮面具，只插了一個小管子在嘴裡讓她呼吸，折騰了兩個小時，差點沒有把她悶死。

袁家班有一個傳統——不重女演員，遇到女角，往往都是男扮女裝。這是首次邀請女星皓怡加盟，導演就想在戲中加入更多的「香豔」鏡頭。本來有一場戲，讓皓怡泡在浴盆裡，當眾洗澡，然後再來一個「裸奔」（替身）。最終因為尺度太大而取消。

皓怡拍打戲，NG最多的達到六十多次，那是拍攝《陰陽奇兵》時。皓怡與男主角對打，結果拍了一天也沒有OK，第二天再拍。NG多，浪費膠片就多，所以袁家班的戲成本很高。不過他們資金充足，老闆與導演、武術指導要求也高，尤其是拍武打動作，要求達到最理想的程度。越好的電影，NG就越多。像成龍拍戲NG就多。小公司的電影NG少，相對來說，要求也不高。

羅維影業公司主打功夫片，演員出身的羅維，早年捧過李小龍，之後拍攝多部成龍、李連傑的電影。成龍是他的義子。羅維一九七一年執導《天龍八將》後，起用李小龍主演《精武門》（一九七二年），創立了「功夫電影」新類型。並一連起用李小龍主演五部功夫片，打進歐美電影市場，掀起世界功夫片熱潮。羅維於一九七五年創建羅維影業公司，執導《金粉神仙手》後，將成龍從澳大利亞召回，出演《新精武門》。一九七六年，培養了第二代功夫明星。此後執導了很多由成龍主演的影片。

袁家班喜劇動作片十分叫座，原本都由袁和平執導，而由他的弟弟袁祥仁、袁日初及袁信義主演。袁和平投效新藝城之前，把袁祥仁推薦給羅維公司做導演。羅維稱袁祥仁「青出於藍而勝於藍」，比袁和平點子更多，設計出許多新花樣。

拍攝袁家班電影，皓怡還遇到不可思議的事。袁家班的代表人物袁振洋，在《陰陽奇兵》做武指，他也當過演員和導演，是袁小田的侄兒，袁和平的堂弟。沒想到袁振洋竟然遁入空門。

在片場與皓怡媽媽多有接觸，袁振洋覺得很投緣，就認劉媽媽做乾媽，皓怡自然就成了乾妹妹。袁振洋這個人很有趣，朋友都覺得，跟他在一起很開心。

在臺灣拍戲時，袁振洋曾到皓怡家做客。他說想吃餃子，劉媽媽就包餃子給他吃。袁振洋曾約皓怡幾個朋友去飲茶。他說，據他觀察，臺灣飲茶，以吃為主，茶是配角，香港飲茶就是慢慢飲，聊天、看報紙為主，吃得很慢，小點只有兩三盅。袁振洋曾邀皓怡一起吃素食，而他平時吃東西有葷有素，並不是只吃素。他對皓怡說，吃每一樣素菜，都要去體會它的美味與甘甜，嘗出真味。經他指點，此後皓怡吃什麼東西，都去細細品嘗它的原味。

有一次袁振洋對皓怡和劉媽媽說，他要出家。皓怡十分吃驚，問他：「真的嗎？」劉媽媽自然是極力勸慰一番。皓怡覺得他不像是要出家的人，年齡在三四十歲之間，還有老婆孩子。老婆曾到片場探班，是專門從香港飛過來的。皓怡與她聊過天，沒有覺察到他們婚姻出現問題。

袁振洋在事業頂峰期突然出家，在港臺演藝界轟動一時。十年之後的一九九四年，袁振洋以僧人身分拍攝《達摩祖師傳》，身兼編劇、導演、監製、出品人與演員數職。

三十四

《揮劍問情》

台視《揮劍問情》是劉皓怡所拍僅有的一部電視連續劇，也是馬景濤早期演出的電視劇。大陸一些馬景濤的粉絲說，對偶像最早的認識來自這部電視劇。

不過這部電視劇的主演是劉皓怡與龍天翔，兩人有很多對手戲。皓怡與龍天翔因拍此片結緣，後來皓怡製作電視片《國術天地》，有請龍天翔友情客串一集。這部劇另一個演員是關聰。

本劇講述武林之間恩怨情仇的故事，人物角色關係錯綜複雜，劇情大有看頭。一九八六年，台視《揮劍問情》與中視的《金劍雕翎》，均在春節前播出，成為對檔廝殺的武俠劇。

本來皓怡也沒有想到會拍電視劇，是因為《俏師妹》武術指導找她，已經做了老鬪的武指，請皓怡出演女主角。皓怡同意接拍，是看在老朋友份上，加上出於對他的信任。

劇中有很多吊鋼絲高空飛行的戲。皓怡對記者說：「他們都說拍吊鋼絲的戲很辛苦，可我覺得蠻開心，因為不需要自己出什麼力，吊上去後，飛來飛去，你只要做出相應的動作，都是別人在控制你。」

之前拍袁家班的戲，也要吊鋼絲，花樣很多，難度也更高。如果要表現你被對方踢一腳的力度，就要用鋼絲在後面猛一拉，你就被彈開了，顯得這一動作很有張力。

《揮劍問情》中多有浪漫戲份。其中有一幕是皓怡墜入問天谷，被七位小矮人搭救，讓她嘗到拍戲的另一番滋味。在谷中療傷的時候，她無法施展武功，就免了打鬥之苦，也不必收工時向媽媽嚷著腰痠背疼。

這一段劇情，跟「白雪公主」的故事如出一轍。她第一次演電視劇，便能俠女與公主兼得，十分過癮。準備拍攝時，七個小矮人還沒有到齊，她就迫不及待地與先來的四位玩在一起，以便培養拍戲的默契。

《揮劍問情》在台視播出，反響不俗，給觀眾留下深刻印象。不過皓怡對此並不滿意，她從專業的角度發覺，電視劇集的錄製存在諸多癥結。她在接受訪問時說：「需要業界人士同心協力，早日予以克服，才能走上軌道，製播出更多好節目。」

通過這部電視劇，皓怡「俠女」形象更加深入人心。媒體對她的俠女形象評價是：秀麗、文靜、武勇、德兼。

據當時媒體報導，港臺兩地有真功夫的演員，男星：成龍、莊泉利、黃家達、陳慧敏、李元霸、黎小龍等。女星則是「俠士荒」，嘉凌結婚息影，鄭佩佩結婚並轉行，真正能夠披掛上陣的只有：施思、夏光莉和新晉女星劉皓怡。

嘉凌，上世紀七十年代臺灣電影界當紅武打女星，出生梨園世家，在戲曲界和電影界都取得不錯的成就。鄭佩佩，香港元老武俠女星，活躍於港臺演藝圈，有「俠女」之稱。二〇〇一年還出演李安《臥虎藏龍》中「碧眼狐狸」一角。

一九六九年，施思以十五歲的稚齡，考入香港邵氏電影公司，一九七九年後，與邵氏約滿才返台發展。因自幼學習各種風格舞蹈之故，施思拍起武俠片，動作渾然天成，身段優美流暢，俠女架勢十足。

比皓怡稍早的臺灣演員夏光莉，小時刻苦練功，有扎實的基本功。一九七八年由老功夫片大師級導演李作楠發掘並一手捧紅。九十年代因出演《新白娘子傳奇》、《香帥傳奇》而廣為人知。不過臺灣媒體稱，「劉皓怡才是真正屬於武林中人」。

皓怡由於從小練功，身體素質很好，拍戲時比別的演員撐得久。很多女明星拍夜班戲，拍到一半時，精神和體力就會不濟。她就算真的很累了，只要進行打坐，疲勞就會消失。

三十五　辛苦自知

做武打明星，拍動作片，是個力氣活，十分辛苦。媒體呈現給讀者的只是明星光鮮亮麗的一面，劉皓怡常對記者說：「辛苦自知。多關注一下藝人的付出吧！」如果有一點成績，也是辛苦得來。

皓怡在臺灣拍電影，通常是自己開車。早期沒有經紀人制度，藝人大多是媽媽幫助處理個人業務。皓怡慶幸有媽媽幫忙自己，處理片約，接洽演出等各種事情。皓怡出國、登臺、義演、拍戲，多由媽媽陪伴在身邊。最忙的時候要軋戲，小哥就出來幫忙了，成了妹妹的經紀人。

動作片多是古裝戲，要找沒有電線杆的地方拍戲，只有山上沒有電線杆，所以皓怡拍戲都要上山，往來會有一段路程。有一次拍完戲，已經是凌晨四五點鐘，天還沒有亮。那天正好媽媽沒有跟著，皓怡自己開車下山。走到紅綠燈處竟然睡著了，後面的車鳴笛，她才醒過來。

那個時候年輕不怕事，皓怡開車回家，都開得很快，一路從山上衝下來。媽媽坐在旁邊不斷地提醒她慢點。有一次皓怡開車，差點衝到坡下去，有驚無險。還有一次順路送楊登魁老闆回敦化南路的公司，夜裡開車經過仁愛路圓環，沒看到前面的圓環，差點撞上去，幸虧楊大哥及時提醒。

拍古戲要戴頭套，一天拍下來，頭都有點發懵，就想趕快回家，洗澡休息。在臺北近郊拍戲，皓怡都是住在家裡。回家第一件事就是泡澡，泡了澡，才能舒緩一天的疲憊。

拍武俠動作片，具有一定的危險性。皓怡的膽子要比一般女孩要大，導演安排的高難度動作，她都不會拒絕，當然難免受傷。皓怡身上經常是青一塊紫一塊，有時臉上也會受傷。受了傷就去看中醫，跌打損傷，看中醫效果最好，好得快。皓怡的膝蓋和腳踝常常受傷，扭傷更是司空見慣。不嚴重的，媽媽和師父高道生就會治療。尤其是扭傷，師父拉一拉、搓一搓，就好了。

皓怡傷得最嚴重的，是右手掌骨被踢斷，當下無名指無法動彈。收了工，媽媽帶皓怡去看中醫。中醫師敷上中草藥，用兩片木板夾住。一個星期後，媽媽不放心，又帶皓怡去照X光，結果發現接骨錯位。醫生說，如果重新接骨，就要把已經長在一起的骨頭打斷。皓怡問，打斷痛不痛？醫生說，當然很痛。醫生又說，不過接骨雖然錯位，但不影響手掌的功用。由於骨縫會產生更多黏膜，可能長得更結實。所以皓怡就沒有再動。從小練功的皓怡，耐痛力指數很高。

武打動作會還在不同的環境中拍攝，在水裡打，在風沙裡打，在山上打。水裡再冷都要忍耐。拍戲的時候，誰會管你冷不冷，讓你往水裡跳就要跳，一片場的人，沒時間等你。這是演員必須具備的敬業精神。

皓怡在水裡一遍遍重複動作，還要表現出大俠的樣子。當她從水裡出來，冷風一吹，就感覺特別冷了。負責服裝的阿姨馬上為她披上外套，媽媽遞上熱茶。跳水的戲，多半是收工前最後一個鏡頭。皓怡換過衣服上車後，就把車裡的暖氣開到最大。

有一次，皓怡跳到池塘裡，不小心手掌搓到池底，一塊皮就翻掉了。當時只是簡單處理一下，為了要連戲，還不能包紮傷口。等到收工回家，自己才想辦法上藥包紮。

皓怡常遇到從高處跳下來的戲，當時設備簡陋，成本也低，地上只是墊著紙皮箱。演員跳到紙皮箱上，不至於受傷。看似簡單的戲，其實後面都有演員的危險性和付出。

拍攝在雨裡飛行的戲，是用水車製造下雨效果。吊著鋼絲在空中飛行，儼然就是騰雲駕霧的女俠。可一停機，把人放下來，活脫脫就是一個落湯雞。觀眾在大銀幕上完全看不出來。電影上映後，皓怡在劇院看到這些場景，常常感覺蠻好笑。她想，這是人生一份難得的體驗。

有一場打戲，皓怡臉頰擦傷了，導演覺得很真實，就帶著傷繼續拍。後來戲還沒有拍完，擦傷就平撫了。導演為了要那個效果，讓化妝師在她臉上化上相同的擦傷妝。

都說電影圈是個大染缸，皓怡也深知其複雜性。是好是壞，要由演員自己去把握。皓怡出道不久，就小有知名度，不斷有人拿著劇本找她拍戲。皓怡和媽媽都會仔細閱讀劇本，看看滿不滿意。有的劇本看一半就放下了，皓怡作為電影學院出來的藝人，對拍戲有自己的原則與理想，不是所有的戲都會接拍。製片或導演打電話給她，有時她直接回答：「這樣的片子，我怎麼能去拍？」

媒體稱皓怡，不笑的時候，有點冷冷的，把頭髮撩上去的時候，又有點豔豔的。

記者問她：「走冷豔型路線好不好？」

皓怡回答：「冷，可以；豔，不行！」

當時港臺影壇流行「一脫成名」，她說：「演戲學會了不少東西，就是還沒有學會

——」停了一秒鐘，「脫」字才說出口。

的確有女星一脫成名，刻意地去追求新聞點、曝光度，上位很快。皓怡一直是按部就班地發展，始終是走保守路線，感覺自己並不需要這些。片商來找她，達不到要求或超出底線，她就會拒絕。

電影上映時，皓怡通常都會去劇院觀看，一是看看觀眾的反應，二是把自己放在普通觀眾的角度，檢視一下自己的表演。圈中人總說，電影是一門遺憾的藝術，的確，皓怡常常發現自己在某些方面做得不足，應該可以做得更好。特別是剛出道時，沒有真正體會到人物的內心世界，只是照著導演的要求去做。

在電影圈久了，皓怡發現，這個環境不是你想要什麼就能有的，也不是你想如何就能如何的，你的決定與當時那個環境、形勢有很大關係。或許這是皓怡過早息影的原因之一。

皓怡也沒有拍過電視廣告，作為當紅明星，當然有不少商家上門接洽。要麼是因為自己很忙，要麼是覺得不適合，最後都被她拒絕。一家洗髮水知名品牌找她拍廣告，她反問人家：我拍動作片，一頭秀髮剪成男生髮型，怎麼拍呀？

息影後她有反思，覺得不必有太多矜持，或許能給自己更多機會。

三十六

主打歌驚動立法院

港臺流行「演而優則唱」，影視演員出了名，就會錄唱片當歌手。演員擁有大批粉絲，無論唱功如何，唱片都能賣得出去。

劉皓怡也被歌林唱片公司看中出唱片。歌林是臺灣一家頗具實力的唱片公司，海外市場由寶麗金唱片公司負責。媽媽陪著皓怡洽談合做事宜，並且在記者會上公開簽約。第二天，臺灣報紙都做了報導，標題是「劉皓怡當歌手了」，或是「演藝界『演而優則唱』又一例」。讓皓怡頗感壓力。

一九八二年二月十五日，皓怡與歌林唱片公司經理黃介明，在記者見證下簽約，皓怡正式成為該公司的歌手。歌林唱片後來越做越大，與許多歌手曾有簽約，其中包括張宇、吳宗憲、周傳雄、歐陽菲菲、鳳飛飛、黃鶯鶯等。在簽下一紙合約之前，皓怡的首張唱片《心中只有你》已在趕錄中。

錄製唱片的階段，正當皓怡拍片軋戲的時候，天天忙得晨昏顛倒。由於皓怡童年時期就參演過知名歌劇《夕鶴》，讓外界以不同的眼光看待這位「演而優則唱」的藝人。而她自己則以歌壇新人的心情，去期待知音人的欣賞。從電影到唱片，她希望可以表現出自己才藝的另一面。

皓怡所出唱片全部是原創歌曲，客家作曲家涂敏恆老師和另一位黃老師作詞譜曲。為了保證錄歌的效果，媽媽為女兒用保溫杯泡洋參水喝，以免上火引起喉嚨不適。涂敏恆在臺灣創作過許多膾炙人口歌曲，如他為費玉清創作的歌曲《送你一把泥土》。

父母為兒時皓怡買的鋼琴，如今大派用場。老師就在她家用這台鋼琴幫皓怡練唱。涂敏恆老師稱她，嗓音甜美有磁性，唱歌技巧自成一格，令人耳目一新。收錄的歌曲大多是旋律輕快的一類，從民謠節奏到抒情曲調，應有盡有。

出乎所有人意料的是，皓怡出唱片引發「政治事件」，唱片《心中只有你》未播先轟動。原本三首主打歌《總統您好》、《草莓的故鄉》、《心中只有你》，結果，《總統您好》被禁止了。有關單位審核裁定，這首歌不得在電視螢光屏或廣播電臺頻道出現。

記者問她：「這算不算禁唱？」

皓怡說：「並不算禁唱，在特殊場合仍可以唱，只是不能當作流行歌曲一樣在電視電臺自由播出。」

第一次當歌手出唱片，就發生這樣的事，讓皓怡心情複雜。據所知是蔣經國先生不願別人歌頌自己。

據當時的臺灣媒體報導，《總統您好！》這首歌送到新聞局審查時，被認為「領袖名稱被使用時有副作用之虞，應避免使用」，判定禁止在電視電臺節目中播出和演唱。

臺灣立委林鈺祥為這首歌被禁，在立法院提出質詢。這也是立法委員首次為一首歌曲而提出質詢。也由於林委員的質詢，使得這首歌引起臺灣民眾的廣泛關注。

林鈺祥陳述的觀點是，這首歌即使不在電視臺與電臺播出，也要把這張唱片發行出去，因為它只是表達個人的心意，代表家鄉父老鄉親的共同心願。

涂敏恆在接受記者訪問時說：「即使不在電視上演唱，也要把這首歌的唱片、錄音帶發行出去。這首歌不僅是表達我個人的心意，更代表著我家鄉父老鄉親共同的心願，所以我一定要把它傳播出去。」

涂敏恆表示，這不是他對蔣公經國歌功頌德，而是有感而發。在他小時候，家鄉苗栗大湖一帶是很落後的農村，他上小學六年級之前都沒有穿過鞋子。現在一切都已經改變了，這是總統關注民生、實行仁政的成果。總統曾到過他的家鄉，慈祥的笑容一直留在父老鄉親的心中。

皓怡簽約出唱片，當然有酬勞，酬勞多少，她並不介意，畢竟是首次出唱片，作為一個影星，已是一個不小的噱頭造勢。皓怡以平常心態對待，當作一件事認真去做。當她拿到屬於自己的黑膠唱片時，是一種完全不同的感覺。以前她登臺唱別人的歌曲，出了唱片，就可以唱自己的歌曲了。

皓怡出唱片，電視臺都邀請她上節目。以前，別的歌星出唱片，皓怡曾幫忙上節目打歌。現在自己要打歌了，並沒有邀好友助陣站臺，而是自己在節目中，又唱又跳，做足全場。

唱片在臺灣發行不久，市場就有了盜版。那時盜版通常是在夜市銷售。皓怡看到自己的歌曲被選在歌手合輯中，封面用的還是她的照片。

皓怡的唱片同時也在海外上市。為了配合寶麗金唱片公司的宣傳企劃，皓怡專程飛到新加坡做宣傳，在新加坡電視節目中現身打歌。

數年後，皓怡回頭再看，對自己的唱片不是很滿意，其實可以做得更好。自己從小就被發掘登上大舞臺唱歌，應該具有一定的唱歌實力。只是當時紅得太快，忙碌之中沒有對唱歌路線好好設計定位，唱片公司對影星唱歌的要求也不高，加上自己又年輕，糊裡糊塗就出了唱片。

皓怡在臺灣一家電視臺錄節目時，還有一個小插曲。在鏡頭前面，皓怡身著一身黑白相間的服飾，戴著從新加坡買回來的一對紅五星大耳環。導播覺得很特別，很優雅。錄了一半，導播突然喊停，他說：「皓怡，把你的耳環摘下來吧！」導播突然意識到，紅五星耳環有「親共」之嫌。皓怡雖然覺得遺憾，但也認為導播的擔心是對的，免得又被新聞局干預。

三十七 《國術天地》

劉皓怡的演藝事業，除了電影、電視劇、唱片，還有主持或製作電視節目。早前為「公共電視」主持《中國武術》，後來又與「公共電視」合作，製作、主持和演出電視節目《國術天地》。這部電視節目一季十三集，除在本地播出，也發行到海外，尤其是在美國的華文電視臺播出。

該片是臺灣「中華國術會」委託皓怡負責製作，皓怡小哥劉祖參與策劃。製作這樣一檔節目，除了皓怡，沒有其他更適合的人選，她不僅有一身好功夫，又是頗有影響力的影星。皓怡身為國術界一分子，自然責無旁貸。

皓怡帶著這個企劃和製作團隊多位成員，一起去與新聞局負責人接洽。新聞局相關官員與皓怡等人見面。皓怡說明創意與預算，獲得新聞局大力支持，並由新聞局全資拍攝，在電視臺每週一次播出。國術會作為指導單位，版權屬於新聞局公視。

專案確定後，皓怡立即著手拍攝，邀請國術會各門派參與。師父高道生鼎力相助，調動他的徒弟示範表演。由於大家的幫忙，《國術天地》陸續製作完成，新聞局和「中華國術會」都很滿意。電視片每集四十多分鐘，分三部分內容，有小故事短劇，有國術解說，最後教大家一起做簡單的武術動作。

臺灣武術界大腕很多，各有山頭。皓怡是比較受各方認可的人，她一向避開業界的紛爭，再加上他們的年齡多是自己的長輩，她平時都稱師伯、師叔或老師，以禮相待，虛心請教，他們也都對她很好。

一九八〇年，《中國時報》還曾嘗試製作「紙上電影」，拍攝《劍在江湖》，由安徽籍武俠作家司馬紫煙創作。報社邀請皓怡出演女主角，皓怡自然樂意做一次嘗試，以別開生面的形式，推廣中華國術。《劍在江湖》在報紙上連載，共有六十四集。《中國時報》十分滿意製作效果，有一批讀者一直追著看，報紙零售也有所增加。

皓怡始終認為，國術是自己的最愛，從小練起，從來沒有擱下。她曾對記者說：「我每天都在練，否則功夫就有差了，像腰力呀，手上勁道呀，一日不可偏廢。」

幾度易名的亞太影展，創建於一九五四年，印尼多次承辦。一九八〇年六月二十八日至七月二日，皓怡參加了在日惹與巴厘島舉辦的第二十六屆「亞洲影展」。

皓怡受臺灣新聞局邀請，參加這一屆亞洲影展。一同出席的有上官靈秀、林鳳嬌、鍾鎮濤、周丹薇等。皓怡自然會登臺表演武術，也有機會第一次欣賞到巴厘島和婆羅浮屠的美景。

最早邀皓怡赴東南亞登臺的是秦祥林，他們在巴拿馬影展相識，秦祥林看她在舞臺上能唱能跳能打，認為她才藝高、悟性強，便邀她登臺作秀。

兩人很投緣，皓怡稱他為「秦大哥」。秦祥林首次邀請皓怡參加春節秀場，從臺北出發前往新加坡、馬來西亞。為了舞臺效果，邀請一文一武兩位女星。拍文戲的選擇了呂秀菱。呂秀菱是瓊瑤電影的女主角，有「瓊女郎」之稱。三個明星外加一位主持人陳今佩。這是皓怡首次商業性質的作秀表演。

八〇年代初，林青霞離台赴港後，瓊瑤立即推出芳齡十九歲的她，作為林青霞的接替人，出演瓊瑤筆下的純情少女，接連主演七部文藝片，成為繼林青霞之後，又一位在瓊瑤愛情文藝片中走紅的明星。

皓怡出道前，瓊瑤電影在臺灣正紅，有人說，臺灣工廠的女工最愛看瓊瑤電影，受到逐夢青少年的追捧。

三十八
南洋秀場

秦祥林率隊赴東南亞登臺，先要在臺灣錄製一張專輯唱片，唱片中有獨唱、對唱、合唱。春節將臨，是最好的檔期，作為藝人本來就忙，又要抽時間練唱錄歌，大家都感到時間不夠用。由於是「演而優則唱」，都要找老師學唱。在進錄音室前，皓怡等人一起跟著蔣榮伊老師學唱歌，花了兩個月時間。皓怡還練彈吉他、練武，呂秀菱練彈琵琶。

歌手金佩姍也正好跟著蔣榮伊學唱歌，因而皓怡與她結識成為好朋友。金佩姍後來在臺灣紅極一時，八點檔播出電視連續劇主題歌，幾乎都是她演唱，而且大多是中視的電視劇，其中包括《一代女皇》、《神雕俠侶》，故被媒體稱為「金八點」。

蔣榮伊當時也相當看好皓怡，認為她的嗓音寬厚洪亮，演唱功底很好，稱她是「可造之才」。可惜皓怡的發展方向在演戲。

在錄製唱片過程中還出現一個小插曲。秦祥林以前是劇校出身，會唱京劇，而對流行歌曲不在行。製作人不滿意，只好一遍又一遍地錄音。偏偏在這時，人在臺灣的成龍前來探班，一直等在那裡。成龍是一個急性子，在桌上桌下跳來跳去，用他廣東腔的國語對秦祥林開玩笑說：「我來幫你唱好了！」

皓怡為了這次新加坡之行，推掉一部臺灣與日本合拍片《霹靂五嬌娃》，當時稱「中日合拍」，該片從日本邀請四位女星，中國女星選中劉皓怡，合演五位嬌娃。這部戲的合約已經拿到了，但她考慮到早就答應秦祥林赴東南亞作秀，不好意思中途折返。皓怡推掉片約後，就抬著滿箱衣服和樂器上了飛機。

那時皓怡還沒有出唱片，登臺時有唱《上海灘》、《小李飛刀》等插曲，還有《待嫁女兒心》、《雨不灑花花不紅》、《雨的旋律》、《南屏晚鐘》等。皓怡的舞臺動作都是自己設計，包括武術、舞蹈。她表演彩帶舞，要設計如何甩動彩帶才好看，何時甩彩帶不影響唱歌。在演唱《路邊的野花不要採》時，有跳彩帶舞。

皓怡登臺表演時，換裝時間不多，就把表演服都穿在身上，每表演完一個節目，就脫去一套。秀服是請專人設計，皓怡把自己要演出的節目，跟設計師溝通，設計師再依據皓怡的需要，設計出幾套禮服。剛出場時，皓怡身著一套華麗的禮服。演唱完兩首歌後，利用間奏時間，在後臺用幾十秒鐘的速度，把最外面的衣服脫去，露出另一套演出服。最裡面穿的才是功夫裝，也是皓怡最後的節目，晚會的高潮表演。

皓怡自歎，她登臺表演總比別人辛苦，除了唱歌、跳舞，還多一項武術表演。其他藝人登臺之餘，都會四處遊玩，而她則要養精蓄銳，保存體力，以應付下一場登臺。皓怡與秦祥林、呂秀菱三人的嶄新搭配，吸引當地不少影迷，所以皓怡不敢鬆懈，每天回到酒店房間，仍然練唱和彈吉他。

在相關單位邀請與陪同下，皓怡一行參觀了當地華媒《南洋商報》。同行的有皓怡與母親、呂秀菱和姐姐。呂秀菱由姐姐料理經紀事務。

據《南洋商報》的報導，《秦祥林劉皓怡呂秀菱到本報參觀》。內文稱：多才多藝的亞洲影帝秦祥林，《師妹出馬》（《俏師妹》在新加坡上映的片名）女主角劉皓怡及《聚散兩依依》女主角呂秀菱，在萬金劇院酒樓夜總會徐光鼐率領下，到南洋商報參觀，對報社規模之宏大，讚不絕口。三位台星在徐光鼐重金禮聘下，趁新春佳節在萬金劇院獻演十天，共計二十一場，每場都是一個多小時。

後來呂秀菱因為臨時有事，在完成新加坡演出後，不得不取消接下來的馬來西亞行程，提前返回臺灣。臺灣媒體根據不實傳聞報導，說呂秀菱因為與劉皓怡發生摩擦才中途退出。皓怡返台特別澄清說：「根本沒有發生任何不愉快的事，她表演彈琵琶、唱歌，我表演功夫、彈吉它唱歌，主辦方把節目安排得井井有條，不可能發生任何摩擦。不知道為什麼會傳出這樣的消息，對我和呂秀菱都不公平。」

主持人陳今佩又白又胖，綽號「大白鯊」，有「秀場皇后」之稱。這次作秀，由於她的穿針引線，使得節目緊湊不冷場。對於皓怡的唱歌表演，陳今佩評價說，想不到劉皓怡除了表演功夫外，其他方面的才藝也令人叫好。

皓怡在新加坡百貨商場曾巧遇臺灣前輩演員龍君兒，在聊天之際，龍君兒與她分享登臺經驗，認為她的服裝太素淨，在舞臺上要稍稍誇張一些。皓怡聽了她的忠告，連夜拉著媽媽去採購點綴服飾的亮片，自己再一片片縫在禮服上。皓怡說，這是第一次參加商業作秀，缺乏經驗，幸好龍君兒適時指點，才彌補了不足之處。

赴馬來西亞作秀第二天，皓怡在表演功夫「烏龍絞柱」時，由於求好心切，不顧舞臺太小的限制，賣力表現，結果小腿部位扭傷筋，當晚疼得掉下眼淚，但她依然忍疼堅持完成餘下的二十多場表演。

皓怡在吉隆玻又遇見臺灣前輩歌星吳秀珠的妹妹，她很熱心地為她介紹醫生，經過醫生處理，感覺才好些。皓怡和秦祥林合跳迪斯可，動感十足，贏得觀眾的熱情捧場。

當年參加巴拿馬影展，皓怡與秦祥林搭檔表演「套招」和迪斯可舞，默契就不錯。無論在新加坡還是吉隆玻，每次散場，都有影迷、粉絲圍著轉。

皓怡返台時，在接機記者的矚目下，一跛一跛地走出來。皓怡認為，經過四十多場舞臺作秀，感覺長大不少，對自己也更有信心。

三十九

「紅顏一怒」

劉皓怡活躍於南洋秀場之際，印尼與中國大陸還沒有恢復外交關係，赴印尼的明星都來自香港與臺灣，頗受印尼華人的歡迎，秀場外面總是擺滿歡迎的花牌。華界人士事先都有主動聯絡，瞭解行程，提供幫助。

皓怡在印尼登臺以個人秀為主。雅加達翠華樓邀請她登臺，她擔心一個人做不下來，緊張到晚上睡不著覺。後來請求允許她「乾哥哥」倪賓搭檔前往。倪賓是見過大世面的音樂人，經驗豐富，可以登臺表演，又可以指導她。

倪賓是臺灣屏東潮州人，小時候是唱詩班成員，參加歌唱比賽，以優雅高亢的歌喉獲得冠軍。一九六〇年獲選參加臺灣訪問團，隨團赴歐洲、非洲巡迴訪問及演唱。並以冰心、新月、羅馬筆名發表創作作品，有「一寸歌王」之稱。在三十多年的歌唱生涯中，先後灌錄八十六張唱片，演唱了六百多首歌曲。

皓怡在雅加達進行二十天的登臺表演，很受歡迎，場場客滿。翠華樓還特別把皓怡借給碧麗宮，在碧麗宮也表演十天。印尼有很多名流前來捧場。

為了節省體力，本來已經敲定這次登臺以演唱為主，不表演功夫。沒想到皓怡在演唱《上海灘》主題歌時，利用音樂過場，主動表演幾招功夫，引來全場喝彩。結果表演功夫又成為壓軸節目，每場演出必不可少。

皓怡由於長期表演功夫，不免忘記如何展現女性魅力，在數年之間，拍武戲差不多成為她僅有的生活內容，日常起居也受到一定影響。後來需要登臺表演，才意識到這個問題。在舞臺上，要如何表現女人的風情？她以為自己生疏到不知如何擺蘭花指，不懂柔聲媚人。

可當她穿上華衣麗裳時，一種女人的風情油然而生，自然流露出軟玉溫香，婀娜多姿，伴隨著現場音樂節奏，輕歌曼舞，玉袖生風，哪裡還是叱吒翻滾的女悍將？她表示，之所以要如此刻意表現，是為了對得起夜總會支付給她的高額酬金，也是為了讓大家區分她在舞臺與銀幕上的差別。

在回答臺灣媒體訪問時，皓怡說：「這一次登臺，倪賓大哥給了我很多幫忙，使我的登臺很順利，很受歡迎。」

而倪賓謙虛地說：「是她歌唱得好，功夫表演得好，人長得又漂亮，很受歡迎，很多人喜歡她。」

登臺作秀成為皓怡事業的一部分，由於能唱能舞能打，秀場更有看點，容易製造現場效果。皓怡在東南亞建立了廣泛的人脈關係，登臺的機會越來越多，在印尼尤其受歡迎。新加坡名嘴陳建彬也曾為她在印尼登臺作秀做主持。

不過也有不愉快的事情發生。有一次，一位前輩歌星邀皓怡到印尼登臺，是皓怡四十五分鐘的主秀。在一場表演結束時，前輩歌星介紹一位大哥跟她認識，說他很捧場，幾乎每晚都開包廂。言談間，這位大哥拿出一個大紅包，原來是別有所圖。

皓怡一腳踢翻椅子，說道：「我是來登臺表演的，不是來陪客的！」

這位前輩歌星連連表達歉意，事後向別人提到「紅顏一怒」這一幕：「我這位功夫妹，真厲害！」

皓怡在圈內經歷多了，也知道一些潛規則，對女藝人來說是一個考驗。皓怡始終是單純地做工作，尤其是作為一個武打明星，靠本事賺錢。遇到這種事，一向都是「本姑娘不吃這一套」的態度。由於身邊常常有媽媽相陪，別人也不敢造次。

皓怡在新加坡擁有較高人氣，不輸給臺灣，當地粉絲組織了一個「劉皓怡影迷俱樂部」。有一次皓怡去新加坡參加慈善義演，「俱樂部」拉隊接機，都是十五六歲年齡的小粉絲。一位影迷送上一本有關她的剪報，很大一本，保存的資料比她自己的還全，還在每頁的四周設計花邊，十分用心，讓她很受感動。

皓怡在印尼也有擁有眾多粉絲，她時常收到印尼粉絲的來信，都是印尼文。最初，她請人翻譯給她聽，內容大同小異，除了表示對她的欣賞，就是向她索要照片。

無論是在印尼還是在新加坡，當地華人都有送禮給皓怡，如燕窩和魚翅等。甚至還送上燉好的燕窩，放在漂亮的湯盅裡，送到酒店給她喝。赴東南亞作秀，皓怡自認為有貴人相助，讓她感受到海外華人的同胞情誼。

一九八四年八月，拍完袁家班的兩部香港電影《奇門醉天師》與《陰陽奇兵》，皓怡應邀到馬來西亞參加「劉關張趙」古城巨星之夜義演活動，為清寒華裔子弟籌募獎學金。同行的有令她欽佩的師姐張玲。張玲是她在臺北新和國小的校友。

結束在馬來西亞的義演，皓怡再轉往新加坡，應邀和《南洋商報》商討開專欄撰稿事宜。由於皓怡的寫作時間不能保證而未成事。

四十　有夢難圓

劉皓怡一出道，就贏得臺灣媒體好感，記者在報紙上描述她：柔柔的秀髮，水汪汪的大眼睛，挺起的鼻樑，配搭著不語而笑的朱唇，臉上薄施脂粉，還沒有走近你，就令你嗅出一股青春氣息。到了臺上，又是另一個樣子。可以打二路長拳，舞四路梅花刀，來一套虎首雙鉤，耍幾下雙哨子。同時，她也可以抱著吉他，演唱悅耳的歌曲。總之，讓你目不暇給。

雖然從小練武練到大，皓怡的身材一直很苗條，沒有男士練武人的那種粗壯，再加上那軟軟的說話語調，愛繞手指頭的小動作，讓人見到的盡是一個女孩的柔情與嫵媚。她很少穿高跟鞋，有時又不得不穿，三吋的高跟鞋，對習武之人來說，已經受不了。她的那雙露在馬褲外的小腿，沒有突出糾結的肌肉，也不是細瘦的痳杆，而是圓潤、豐盈。媒體稱她：沒有滿分，也有九十分，足夠女人味。

皓怡在媒體面前一直都是一個時髦女孩，很難相信她是有渾身功夫的「女中豪傑」。一位記者曾對她說：「你從小練國術，實在看不出來，身上還是透著一種文靜秀氣。」真的像古代所描繪的那樣：靜如處子，動如脫兔。觀眾也感歎：這麼一個嬌小的女孩，武打功夫還這麼好！

皓怡與媒體記者的關係都不錯。有一次一位記者第一次採訪她，見她穿一套紫色碎花的中式服飾，一身打扮有種說不出的溫柔和古典，加上甜甜的微笑，讓記者不禁開口要問：「這就是傳說中的俠女嗎？」

當時中影公司希望她在觀眾心中建立一種形象，即剛烈、忠貞的「文武雙全女嬌娃」。皓怡對這一形象十分滿意，所以心中總裝著一把尺，時常提醒自己要有分寸。

臺灣一家電影雜誌，希望她在海邊穿著比基尼拍一組性感照片，雜誌一定大賣，也會付給她豐厚的報酬，她當即拒絕。當記者問到這個話題，皓怡瞪大眼睛說：「請不要破壞我的形象！」

皓怡當初在世新大學學習電影製作，對演戲倒不是很有興趣。孫榮發導演曾對記者開玩笑說：「劉皓怡最大的心願是開家電影公司，自己當老闆。」皓怡就笑著對記者說：臺北流行一個說法，一根電線杆砸下來，可以打到三個導演。其實皓怡真的有心於此，她和媽媽曾想過成立一家電影公司，拍一部《宋氏三姐妹》的電影。媽媽去世前還對已經息影的女兒說，拍攝《宋氏三姐妹》，可以籌畫一下。

《聯合早報》以「考慮自資拍戲」為題，曾有報導：

在遊覽了夏威夷與加州諸城之後，她理出了兩個方向，一是接受大哥的建議留在美國進修，或是考慮自資拍一些自己想拍的戲。後者雖然有母親和兄長的支援，但劉皓怡顧慮許多電影製作及行政工作，並非純為興趣的母兄能夠勝任，況且籌措資金並不容易，更要謹慎，以免拖累家庭。

劉媽媽常說，女兒從小到大，離不開照顧。「皓怡這孩子，太不懂得交朋友！」的確，皓怡是一個不會交際的女孩，應酬、奉承的話說不來，更不會獻殷勤。深交的人會發現這一點，不過這也正是她的可人之處。

皓怡說：「我是個『硬梆梆』的人，凡事一板一眼，有的時候我想，這樣子會不會讓人覺得很無趣？可是有的時候我又告誡自己，人必須誠實，表裡一致。」電影明星的璀璨光環，始終未曾掩蓋皓怡的樸實。

正當媒體認為皓怡大有所為之際，她卻突然消失在影壇，就如同從人間蒸發了一樣。

第六章

緣定南洋

四十一

烏節路初識

一九八一年，出道第三年的劉皓怡，在中影的安排下，隨團訪問汶萊。同行有柯俊雄、劉藍溪等影視藝人。返程時在新加坡停留兩晚。這是一次改變皓怡未來命運的一次旅程。

印尼一家電影公司的朋友正好在新加坡，相約皓怡一起吃飯，並介紹一位新朋友給她。皓怡約了住在酒店同一房間的女藝人作伴赴約。這位電影界朋友，是皓怡在印尼參加亞洲影展時認識。皓怡赴印尼參加活動，當地華界人士與電影公司負責接待。由於語言相通，就會在一起吃飯聊天，過後時有聯絡，成為朋友。

訪問團成員住在烏節路一家酒店，當晚相約到烏節路鳳凰酒店餐廳吃飯，兩家酒店相距不遠。皓怡與來自印尼的新朋友陳有瑞初次相見，對方三十五歲，一眼看上去，中規中矩，成熟穩重。陳先生閱歷見識豐富，但性格內向，言辭不多。皓怡很少留意同齡男孩，總是被年長男士的魅力所吸引。二十三歲的她，與陳先生年齡相差十二歲。

朋友在介紹陳先生時，不忘說明他的「黃金王老五」身分（家中排行第五）。皓怡並沒有特別在意，只是當作普通朋友。由於頻繁在東南亞參展登臺，接觸和認識的都是成功人士，其中不乏適齡男士。而皓怡是冷靜理智型女孩，尤其是自己的事業才開始，根本沒有考慮婚姻問題，更不相信在異國他鄉的偶遇會有什麼結果。

皓怡看得出來，陳先生對自己有心，但也沒有特別討好她和過分表現。正因為如此，皓怡才不設防，放心地與他交往。以皓怡當時的心態，即使自己對某人一見鍾情，也不會輕易表露出來。

陳先生原籍福建莆田，早年定居於印尼棉蘭，十幾歲時隨家人遷居雅加達。其家族經營汽配生意，他負責境外訂貨出貨業務，在新加坡與臺灣都有公司，他常駐新加坡，臺灣業務委託落戶於臺北的二哥照看。陳先生對臺灣並不陌生，可說是常來常往。

陳先生說，他的兄弟姐妹眾多，一共十二個，九男三女。除了二哥，其他兄弟姐妹都在印尼經營家族業務。二哥當年留學臺灣，就讀於成功大學，娶了臺灣妻子，入了臺灣籍。

臺灣媒體曾有報導：皓怡從印尼作秀回來，記者問她，在海外登臺有更多機會與僑界多金人士交往，不知她是否有「豔遇」？皓怡回答說：「我不想太早談論感情之事，尤其是和僑界人士。第一，相隔千里，不想自己以後嫁到海外。第二，距離過於遙遠，感情也難以維繫。我覺得還是就近在臺灣找個伴侶好了。」皓怡還說，目前並不考慮感情的事，如果未來有，重感情的她，也只希望一次成功的戀愛就足夠了。

皓怡的感情屬於細水長流型，需要慢慢積累對一個人的好感與認同。可以肯定地說，如果不是後來陳先生主動聯絡她，初相識的好印象就會慢慢淡化。皓怡回臺灣不久，接到陳先生從新加坡打到家裡的電話，倆人一聊就是半個多小時。陳先生說，不久他會到臺灣處理業務，而且未來工作重點將以臺灣為主。

陳先生在臺灣的業務主要在中南部，在那裡出貨裝貨。從新加坡赴台，他常駐台中，若到臺北，則需要住酒店。與皓怡結識後，他比較頻繁地往返於臺灣與新加坡之間。皓怡天天忙於拍戲，陳先生忙於處理業務，倆人都有時間才會相約見面。若干年之後，陳先生才把公司總部從台中遷到臺北。

皓怡與陳先生逛街、遊玩、吃飯或看電影。倆人平日都處在忙碌的工作狀態，不能好好吃飯。難得放鬆下來，他們會選一家令人滿意的餐廳，點一些心儀的菜肴，安安靜靜地一飽口福。吃過大餐，有時還去夜市吃小吃。雖然倆人口味不完全相同，愛吃是一致的。臺灣知名的小吃，臭豆腐、蚵仔大腸麵線等，陳先生從前不愛吃、不敢吃，在皓怡的帶動下，也喜歡吃了。

皓怡與陳先生成長環境不同，興趣愛好也不同。通過一兩年的交往瞭解，他們彼此才算慢慢適應。皓怡始終認為，與陳先生相識以後，雖然一直向婚戀方面發展，但時間還不夠，瞭解還不多。甚至曾有半年時間，皓怡疏遠了他，而他始終不離不棄。陳先生脾氣好，有耐心，不會花言巧語，心地善良，很會照顧對方的情緒。皓怡心想，單從為人方面來看，這樣的人應該最合適。

相識近六年，從互相認識到瞭解，皓怡覺得感情基本穩定，才答應陳先生的要求，允許他正式登門拜見她的父母。

不久，倆人便舉行了一個訂婚宴，陳先生當眾給皓怡戴上訂婚戒指。訂婚宴只有一桌客人，除了當事人與皓怡父母，還有皓怡乾爹乾媽，以及陳先生在臺灣的二哥二嫂。

四十二

雁南飛

一九八八年，劉皓怡與陳先生相識第七年，開始談婚論嫁。陳先生唯一的結婚條件是希望皓怡退出演藝圈。皓怡雖然眷戀影視工作，但也覺得陳先生的這個要求合乎情理。那個年代結婚退影是常態，林鳳嬌、甄珍、林青霞都是這樣的選擇。如果繼續留在電影圈，也只是做幕後工作。拍戲本來就是吃青春飯，不可能做一輩子。皓怡心想：好吧，除非不結婚！如果要嫁人，終究要有所付出。

就在皓怡決心息影時，一個更好的機會找上門。大導演胡金銓邀請皓怡主演電影《笑傲江湖》，當時金庸電影正流行。這次是張艾嘉向胡金銓推薦自己。皓怡與張艾嘉沒有合作拍片，但私下偶有交流，張艾嘉很欣賞她的功夫。祖籍山西省五台縣的張艾嘉，出生於嘉義縣眷村，其父張文莊與皓怡父親同屬空軍。張艾嘉一歲時，少校軍銜的張文莊駕駛C—47型飛機，在新竹撞山罹難。

此時，皓怡已經在臺北環亞大飯店訂了婚宴，而且是提前半年預訂，只是外界沒有人知道。其他人找皓怡拍電影或上節目，她都直接回絕了。胡金銓導演有約，皓怡和媽媽就在臺北市仁愛路國泰醫院後面一個餐館見面。當胡導演說了他的拍片計畫，並稱是張艾嘉推薦皓怡主演。劉母就以各種方式搪塞，語焉不詳，甚至找出因為綠卡問題，皓怡要去美國的理由。

一九三二年出生於北平的胡金銓，於一九四九年十一月隻身離開北平前往香港謀生，從劇組打雜做起，在嚴俊導演的電影出演角色，之後與李翰祥共同擔當嚴俊的導演助理。一九六二年，胡金銓與李翰祥合導《梁山伯與祝英台》。一九六六年，胡金銓編劇和執導抗戰電影《大地兒女》，獲得第四屆臺灣電影金馬獎最佳編劇和最佳發揚民族精神特別獎。後來拍攝《龍門客棧》、《俠女》、《山中傳奇》、《天下第一》，都在金馬獎、坎城國際電影節獲得殊榮。

被皓怡婉絕出演的香港電影《笑傲江湖》，於一九九〇年上映，十分成功。由許冠傑、葉童、張學友、張敏、袁潔瑩主演。事後皓怡想，如果當時接拍了這部電影，她可能就停不下來了，會有一系列這類動作武俠片拍攝，因此而錯過婚姻，踏上一條不歸路。

皓怡婚宴秘而不宣，一方面是低調處理私生活的一貫做法，另一方面也是有樣學樣，林鳳嬌息影時也沒有說明原因。為了不至於被媒體打擾，皓怡與陳先生的婚禮排場不大，規格卻不低。皓怡父親中央航校老師——「空軍總司令」王叔銘，出席並作為證婚人。

皓怡正式退出影壇，與先生在臺北購置新居。可以守著父母在臺北生活，皓怡心滿意足了。

婚後數年，隨著東南亞經濟的發展，印尼經商環境大幅提升，汽車市場也發生變化。先生的生意重心正逐漸轉移到印尼。他對皓怡說，回到印尼發展更有利，否則可能錯失機會。作為太太，皓怡當然不能阻礙另一半事業的發展。

先生還說：「我知道你習慣了臺灣生活，而印尼是一個完全不同的地方，社會環境、生活條件與飲食習慣，差別很大。你可以選擇留在臺灣陪父母，也可以選擇跟我回印尼，等父母百年之後，你再搬到印尼居住。如果選擇暫留臺灣，我可以兩邊飛，定期返台。」

皓怡考慮了幾天，覺得還是應該配合先生的事業發展，再說臺北還有小哥照顧父母。一九九一年，皓怡跟隨先生一起回到印尼。皓怡自嘲自己和父母的命運一樣，人生都有一次重要的遷徙，就像大雁一樣向南飛。

返回印尼初期，先生沒有單獨購房，而是與其母和七弟家人，樓上樓下地住在大家庭中。雅加達汽配商業街，整條街幾乎都是興化（今莆田）鄉親在經營。在這裡，可以看到興化人吃苦耐勞的精神。陳氏住家與店鋪在一起，有幾層樓，下面是店鋪，上面是住家，街對面也是陳家店鋪。

皓怡剛來雅加達，方方面面都不適應。身邊除了先生，甚至沒有在語言上能夠溝通的人。婆家人都說閩南話。皓怡感覺在受煎熬，度日如年。

正值蘇哈托統治時期，當時只有一份華文報紙《印尼日報》，由官方創辦，對開四版。皓怡常常把一份報紙翻來翻去，每一篇報導都會看，連廣告也看。有時拿到一本由朋友偷偷帶入境的香港雜誌，或在唐人街買到黑白影印中文雜誌，就如獲至寶。電視也沒有說中文的節目。

皓怡定期給臺灣的父母打電話，不敢告知這裡的真實情況，怕父母擔心。否則父母一定會說：「怎麼能讓女兒吃這種苦！」一定要皓怡回臺灣。

在印尼生活久了，皓怡對當地的飲食慢慢有所適應。

早前，先生帶著皓怡在雅加達參觀海邊養蝦場，在養蝦場餐廳吃飯時，點了很多蝦。大家吃得津津有味，皓怡卻吃不下去，因為吃不慣當地的甜醬油，只好蘸著鹽水吃。

後來，皓怡父母來印尼看女兒，陳家人請親家嘗試有特色的印尼餐。印尼餐要用手抓飯，劉父劉母無論如何都下不了手。餐廳也沒有安裝供洗手的水龍頭，只有一小碗洗手水，裡面放著一片檸檬。而此時皓怡已經習慣，吃起來也挺有胃口。

四十三

戮力同心

劉皓怡遷居印尼當年，就遭遇一次可怕的經歷。

一九九一年開齋節，皓怡與先生赴澳大利亞度假旅遊，先生順便在當地檢查身體，主要是檢查心臟與血管。

澳洲有一位著名的心臟外科醫生，名叫張任謙（Victor Peter Chang），醫術在澳洲首屈一指。媒體稱，張任謙是人類現代心臟移植醫學技術的先驅。印尼富商與高官多有找他看病治療。獲得張醫生看病並不容易，早早就要預約了。

飛抵悉尼後，他們先到醫院檢查。張醫生說，皓怡先生心臟的三條血管，堵塞都很嚴重，一定要做搭橋手術。他說：「甚至你過馬路一緊張，血管都有可能堵塞住。一旦堵塞，人就完了。如果只是一條兩條堵塞，只會暈厥，還會醒來。現在三條血管都有堵塞，沒有選擇了。」

皓怡先生之前的確發生過暈厥現象。有一次，先生在公司上樓，突然眼前一黑，家人立即扶他坐下，但他很快就恢復正常了。不過皓怡還是被嚇住。現在聽張醫生這麼說，他們便決定放棄原來的旅遊計畫，準備接受手術治療。

這是先生第一次做心臟手術，皓怡不敢對父母說，只是打電話給臺灣的小哥。小哥覺得事情嚴重，就打電話給美國的哥哥、姐姐。大哥想，妹夫在國外做手術，這麼大的事，豈能瞞著父母。就打電話給父母說了。結果皓怡全家人都十分擔心。

人生第一次遇到這麼大的事，又是在國外，皓怡真的很怕。那幾個晚上，她一個人住在飯店做噩夢，夢的都是牛頭馬面、牛鬼蛇神。在這麼一個舉目無親，人生地不熟的地方，她感到十分無助。

幸好先生家人不久便趕來。他們是先生的四哥和小弟老九，當時正在新加坡度假。一聽說發生這樣的事，他們讓澳洲醫生開具證明傳真給他們，馬上獲得澳洲簽證便飛了過來。

手術進行了兩三個小時。張醫生走出手術室，說手術很成功，心臟換上腿部的靜脈血管。靜脈血管比較細，本來只換上三根，但給皓怡先生多換一根。男性也有乳動脈血管，沒有用，還特別粗，就多換上一根乳動脈血管。

沒想到先生手術後兩三個月，張任謙醫生就在澳洲被劫匪當街槍殺，成為澳洲和全球華界的頭條新聞。皓怡聞聽這個消息，非常惋惜，也慶幸他給先生做的手術很成功，換來相當長一段平安日子。手術後不久，先生便恢復正常的工作與生活。

心臟病患者，除了長期吃藥，就是要控制情緒。其實自我控制情緒並不容易做到，先生工作的責任心很強，凡事要做到最理想，就不免會情緒波動。先生只要一生氣，馬上就會心悸。皓怡常在他身邊提醒他控制情緒。他若有運動健身，心臟跳動就會比較正常，不會發生心悸。

一九九三年十月，劉皓怡與先生的第一個女兒長樂出生，小女兒長慧於一九九五年一月出生。兩個乖巧可愛的女兒，給他們的家庭帶來歡樂，生活變得更加充實。

大女兒出生前，皓怡與先生仍住在公司樓上。這種生意與生活不分的日子，一般人很難適應。尤其是在一個陌生的地方，遠離自己的父母與兄弟姐妹，皓怡的精神與物質生活大受影響。有一次，她半夜醒來哭泣，先生馬上坐起來問：「怎麼了？怎麼了？」此時，她正懷著長樂，孕婦情緒表現得有些煩躁。

皓怡婚後五年後才懷孕生女，屬於晚育。在皓怡這方面，有一部分是觀念使然。臺灣早期的宣導，結婚後看三年，然後再生孩子，便於雙方婚姻和經濟關係更加穩定，不至於因後悔離婚產生社會問題。對先生來說，正處於事業高峰期，每天十分忙碌，沒有子女牽掛，遇到事情可以說走就走。不過當他們有了孩子，才覺得晚要孩子不如早要。

添丁在即，為了起居與教育子女方便，陳先生在雅加達大芒果街買了一套獨門獨戶的住宅，約有一千平方米。新家要裝修，皓怡挺著肚子參與其中。雖然有六十多個工人在做工，但進度仍然很慢。裝修一個住宅，需要這麼多工人嗎？她一看才知道，工人動作慢，不出活。皓怡忍不住要親自動手。婆婆便在後面大聲提醒她：「孕婦不可以爬上爬下的！」

皓怡父母因為女兒快要當媽媽，專程從臺北飛來雅加達探視照顧。當天剛好公司出貨，先生去機場接了岳父岳母，臨時安頓在婆羅浮屠大酒店，便去忙業務了。

新居布置好之後，皓怡要把父母從酒店接到新家。家裡有車，但沒有司機，所有的司機都忙著出貨，一時調度不過來。皓怡一著急，自己挺著大肚子開車。當時語言還不太通，只能憑著記憶駕車。終於把車開到婆羅浮屠酒店。父母上了車，皓怡就往回開，結果沒開多遠就迷失方向。飛行員出身的爸爸，向空中觀察一下，指著一個方向說：「你朝那邊開！」果然很快就開到自己熟悉的路上。

皓怡兩個孩子出生，父母都從臺灣過來陪坐月子，對小女皓怡愛惜有加。

四十四

黑色五月

一九九八年「黑色五月」暴亂事件，讓劉皓怡經歷一段噩夢般的日子。五月十三日至十五日，在印尼多個城市暴徒發動了針對華人的暴力襲擊。

暴亂發生前，皓怡和先生飛往新加坡翻修房子，以便在印尼政局不穩時暫避新加坡。受亞洲金融危機的重創，印尼本幣暴跌，燃油和糧食價格暴漲，民怨沸騰，遊行抗議活動席捲全國各地，持續三十多年的蘇哈托政權搖搖欲墜。皓怡先生買好了新加坡航空的年票，全家人隨時可以換登機牌走人。

飛赴新加坡之前，他們把家裡安頓好，由護士和傭人照顧兩個孩子。不過，他們還是對印尼局勢估計不足，皓怡並未想到託付婆婆照顧孩子。孩子一個四歲半，一個三歲。看看形勢嚴峻，先生打電話回去，讓護士和傭人帶著孩子，搬到皓怡婆婆那邊去住。

正當皓怡和先生準備回印尼時，暴亂發生了。反對蘇哈托獨裁統治的政治運動，演變成一場空前嚴重的排華暴行，不明真相的民眾把仇恨轉移到華人身上。華人及外國僑民紛紛外逃，印尼飛往新加坡的航線，一票難求。

暴亂很快波及到皓怡先生家族企業所在的街道，附近火車站一帶被燒。據皓怡事後瞭解到的消息，有一批暴徒坐火車前來，一下火車就開始縱火，附近街區首先遭殃。火車站離先生家族企業很近，皓怡擔心火勢燒過來，危及兩個孩子，就讓先生打電話給消防局請求救火。其實這是異想天開，印尼政府部門早已癱瘓。

印尼發生野蠻行徑，一時間成為全球媒體的關注焦點，皓怡父親和遠在美國的哥哥、姐姐，都為皓怡擔心不已。此時，皓怡母親已於上一年過世，父親堅決不讓皓怡回印尼，每隔一段時間就會打一通電話。當時已有摩托羅拉大手機（俗稱「大哥大」），皓怡先生天天把移動手機拿在手上。

返回印尼的行程因此被耽擱了兩天，暴亂的勢頭也有所減弱。由於兩個孩子還在印尼，他們不能不回印尼，於是選擇了一趟傍晚的飛機。皓怡為了避免父親與家人擔心，事先沒有告知他們。父親打不通行動電話，就對皓怡兄姐說：「糟糕，大事不妙！」結果，父親整個晚上都不能睡覺。

這趟飛往雅加達的飛機，乘客包括皓怡與先生在內，一共七人。每個人都有像他們這樣不得不回印尼的理由。由於雅加達市區還很亂，他們下了飛機不敢直接回家，而是來到機場附近高速路邊的喜來登酒店。先生接受兄弟的建議，暫避此處，並用行動電話與家人保持聯繫。

作為國際大酒店，喜來登具備基本的防護措施，比較安全。酒店內外，戒備森嚴，柵門緊閉，保安盤查很嚴。酒店客房已經滿員，大廳裡滿是準備搭機離開和避難的人。為了防止意外情況發生，皓怡與先生帶有很多美元和印尼盾現金，分別放在倆人的身上，以便萬一在路上遇到暴徒就撒錢。先生以前經歷過排華事件，有經驗應對。

大廳連坐的地方都沒有，皓怡和先生一人花一百美元，進入到酒店的游泳池，在躺椅上休息。等到後半夜三點，估計市區街道的暴徒已經休息，先生的兄弟才安排家裡的老司機，帶著一個相熟的軍人，開車來接。皓怡和先生坐上車，向市區行駛。路上，他們首先看到高速路的收費站，已經人去室空。到達市區，隨處可以看到打砸搶燒的痕跡，一些汽車輪胎還在燃燒。皓怡第一次看到這種在電影裡才能看到的場景。

大難當前，才顯出兄弟多的好處。皓怡先生幸虧有這些兄弟，在他不在家的時候，能夠把這個大家庭看護得很好。兄弟們輪流守夜，而且設計好逃生路線。由於電力中斷，家裡點著蠟燭，即使供電，他們也不敢開燈，怕引起暴徒的注意。家人都處於驚恐與疲憊之中，幾夜不能睡覺，臉部出現浮腫，無法鎮定地做事情。

皓怡看到兩個還不懂事的孩子，才放下心來。第二天白天，一家人都躲在屋內，未見暴徒再來騷擾，街道上空蕩蕩的，沒有什麼行人。陳家人一向對司機、保安、傭人很好，這個時候他們起到很重要的作用，若有緊急的事情，可以派老司機駕車出門。

皓怡兩個孩子的護照與機票還放在大芒果街的家裡。隔天深晚，皓怡和先生回家去拿，也順便收拾一些要帶走的東西。拿到機票後，他們便帶著兩個孩子和三個侄兒姪女，開車前往機場。一路上仍是有驚無險，司機穿街走巷，避開危險的區域。由於害怕財產損失，大部分家人還是選擇鎮守當地。

皓怡一行人到達機場，機場裡仍然到處都是撤離的民眾。櫃檯前人擠人，除了華人，還有西方人。很多人衣衫不整。皓怡看到一位華人，只穿著內衣內褲，一問原來是馬來西亞籍的廚師，身無分文，護照也沒有來得及拿。這些人當然不能登機，只能把機場當成一個避難所。據說，有人帶著大量黃金和美元外逃，但不知能否帶上飛機。

皓怡這次一走，她和孩子四年沒敢再回印尼。皓怡對友人說：「我們生活在大中華地區的人，哪裡見過這種排華場景，我真的受到很大的驚嚇，好像經歷了一場戰亂。」

皓怡對先生說：「我們放棄印尼的生意，就在新加坡定居發展吧！」

印尼排華層出不窮，再次受到驚嚇的先生，也不知道該怎麼辦了。等印尼政局穩定，先生還是決定回印尼繼續做業務，而把家人安置在新加坡。他一個月回新加坡一次。

四十五 有女初長成

印尼排華事件「黑色五月」之後，劉皓怡帶著兩個孩子留在新加坡讀書。

新加坡在基礎教育方面有嚴格規定。小女兒長慧一月八日出生，差七天就不能上幼稚園，因此上學遲了一年。皓怡在當地書展買了很多兒童教育的光碟，本來是給大女兒長樂看的，結果姐姐課業多，沒有時間看。妹妹自己把碟片放進電腦，邊玩邊看，反反覆覆。她喜歡卡通設計的教育片。結果還沒有上學，就自學了很多。

早上孩子們坐校車去學校，中午皓怡開車去接，再送她們去補習。接她們時，皓怡帶著便當，還帶著大外套。新加坡公共場所冷氣開得很冷，需要再加一件外套。去補習前，先在車上吃便當。

長慧從幼稚園大班開始補習，長樂從小學一年級開始補習。起初皓怡自己在家裡教。不久就發現教不了。皓怡性子比較急，教她們時，就拿著一根小藤條，一著急就要打人，女兒就繞著餐桌跑。新加坡規定不能體罰孩子，每次皓怡都要把門窗緊閉，生怕被外面的人聽到孩子哭鬧，說她虐待孩子。後來，皓怡只好請家庭老師來教英文、補珠算。每天安排補習不同的科目。

孩子補習的項目還包括繪畫、游泳和舞蹈。長樂所讀的新加坡女子小學，是一所很好的學校，父母對孩子的期望都很高。新加坡學校不像皓怡小時候在臺灣所讀的學校，要問誰學過鋼琴，誰學過舞蹈。由於新加坡的學生普遍學過，只能問誰沒有學過。當皓怡發現這種情況，就開始給孩子進行各種補習，生怕落後於人。

皓怡常常帶女兒到圖書館和書局，帶她們購買和閱讀課外書籍。學校要求很高，不僅要讀課堂上的書，還要讀大量的課外書。英文考試時，試題大多不在課本上，所以就是把課本讀爛了，也考不到高分。小女兒很愛看書，長大後喜歡網購圖書。她讀的都是英文版圖書。長女也愛讀書，但讀書的興趣與妹妹不一樣。

孩子的學習給皓怡造成很大的壓力，平時她還要自己買菜做飯，感覺一直得不到休息。經歷了喪母之痛，印尼排華，接著父親過世，皓怡每天一睜開眼，感覺頭就是疼的，一坐起來，背是痠的。皓怡去看醫生，醫生給開的是治療抑鬱症的藥，並且讓她多做運動。

帶孩子勞心勞力，只有做母親的知道這份辛苦。如果孩子感冒鼻塞，皓怡整晚都不敢睡覺，一直坐在那裡看著她，生怕她喘不過氣來。之前在印尼，孩子生病看醫生，醫生說孩子鼻子堵塞，不能呼吸，讓家庭護士抱在身上，看著她睡覺。所以孩子一感冒，皓怡就怕孩子不能喘氣。

在新加坡生活四年，這個小家庭最開心的活動，就是在週末騎腳踏車郊遊。孩子上學是從週一到週五，每到週六，一家人就到新加坡東海岸公園去玩。一般是皓怡開車帶她們去，車上放著三輛腳踏車，其中兩輛是兒童車。還帶著一位印尼女傭。

到公園後，她們一人騎一輛車，開心地騎行。如果先生在，再租一輛腳踏車。東海岸公園非常大，騎腳踏車要繞很長時間。這裡有很多騎行的人。皓怡帶著露營的帳篷，帳篷搭在海灘上。騎車之後，兩個孩子就開始玩沙子。她們拿著小桶、小鏟，堆起沙子城堡，開渠引水。孩子們都喜歡吃麥當勞，肚子餓了，就帶她們去吃麥當勞。平時則不讓她們吃這種速食品。

在新加坡生活，也常常出現狀況。有一次，長樂在住家附近騎腳踏車，一不小心掉進水溝，嘴巴全是血。女傭抱著長樂，大聲喊著「Ibu」（印尼對女士尊稱）。皓怡看到後，整個人都嚇傻了，不知道該怎麼辦。鎮靜下來後，皓怡幫女兒用冰水漱口，才看到是口腔出血，牙齒沒有掉。

皓怡在新加坡的家是排屋，有樓上樓下。在主人臥室裡，雙人床旁邊緊貼著放一張單人床，大人和孩子一起睡，方便隨時照看。如果先生回來，四個人也是這樣睡。

父母或父親還健在時，皓怡常常利用學校假期，帶著兩個孩子回臺灣。皓怡爸爸年老時很喜歡小孩，也很會逗小孩開心，大家都說劉父有小孩緣。女兒也都很喜歡外公。看到兩個可愛的外孫女，皓怡爸爸很開心，帶著孩子四處玩。到中正紀念堂、國父紀念館，那裡有魚池。他帶她們去看魚、餵魚。

外孫女肚子餓了，外公就買牛角麵包給她們吃。這種麵包小小的，一包五個，剛出爐，做得很精緻，味道又好，兩個孩子都很喜歡吃。晚上，外公坐在沙發上看電視，兩個外孫女，一個趴在他的膝間，一個爬到肩膀上。真是兒孫繞膝，盡享天倫之樂。

皓怡女兒長大後再回臺灣，就會想到外公給她們買牛角麵包的往事。讓她們遺憾的是，外公走得早，沒有看到她們長大的樣子。

四十六

大悲之年

對劉皓怡來說，印尼排華的一九九八年和前後兩年，是暗無天日的日子。一九九七年，媽媽過世，一九九九年，爸爸過世。

媽媽青壯年時期喜歡穿旗袍，因為顯身材。進入老年後，身型略顯富態，一件件好看的旗袍都穿不上了，疊放在衣櫃裡。媽媽過世的兩三年前，身體瘦了十公斤，起初她還很高興，不能穿的旗袍，又可以穿了。爸爸卻很擔心，讓她去醫院檢查一下。

經檢查，醫生說媽媽紅血球太低，還要檢查其他項目。接著又查了幾次，並未查出什麼結果，就沒有再進一步檢查了。媽媽的病情因此被耽誤。等到她感到身體不適再去檢查，被確診為癌症。

皓怡立即從印尼飛回來。此時的媽媽仍舊樂觀，她對女兒說：「我的家族中沒有長壽的，我活到古稀之年，心滿意足了。」

皓怡小時候，媽媽身體就不好，患有多種疾病。病發時，她總以為沒救了，沒想到每一次都能平安度過。媽媽平時喜歡研究中藥，經常給自己配中藥吃。

媽媽說：「我吃的中藥，可以用卡車裝載了。不知道是不是因為吃了太多中藥，把腎臟功能吃壞了。」

媽媽除了自配中藥吃，也常吃各種營養品，人參、蟲草、燕窩，從未間斷。皓怡到東南亞登臺，都會買燕窩回來給媽媽。

皓怡對媽媽說：「吃了過多的補品，應該也有副作用。」

「癌」這個字，第一次闖進皓怡的家，讓一家人不知所措。爸爸始終希望有一個學醫的子女，而願望最終落空。家人與醫生討論媽媽的病情，只能任憑醫生去處置。

「我是不是應該放棄印尼生活回到臺灣？」在醫院，皓怡背著媽媽，對小哥說：「大哥是不是也應該回臺灣定居？大家留在臺灣，才能更好地照顧和陪伴父母。」

小哥並不主張這樣，生老病死是自然現象，誰也改變不了，作為子女，只能盡人事、聽天命。小哥說：「為了孝敬老人而拖垮自己，也不是父母所樂見的。」

皓怡剛生過孩子，先生身體又不好，也需要照顧。她沒別的辦法，只能選擇兩邊奔走。媽媽的病拖延了兩年，每次病情嚴重時，子女們就會趕回去。皓怡一年往返兩地，多達十幾次。

媽媽生病時行動不便，需要有人攙扶。皓怡回到家，媽媽的精神就會明顯改善，也不需要有人攙扶了。媽媽這輩子對小女兒付出的心血最多，當年以「星媽」的身分，和皓怡一起在藝壇打拼，所以見到小女兒，自然更親三分。

「媽媽，我要回印尼了！」當皓怡這樣對媽媽說，媽媽馬上就攤在椅子上，站不起來了。皓怡要走不忍心走，要留不能留，難以取捨，內心備受煎熬。

一九九七年四月，媽媽病情惡化，終告不治。媽媽的離世，對爸爸的精神是一個很大的打擊。

「明年我一定要好好過一個生日，你們兄弟姐妹全部都回來，我要和你們的媽媽一起過生日……」

一九九八年開年，從來不喜歡過生日的爸爸，突然對子女這樣說。

皓怡聽了，心裡又難過又奇怪。一是媽媽已經過世，還怎麼一起過生日？二是父母生日時間也不一樣，爸爸是五月，媽媽是一月。

子女們不敢說破，都應和著爸爸，相約明年五月回臺灣，給爸爸過生日。人們常說，八四歲是人生一道坎，子女們感到一種不祥之兆。

翌年，爸爸沒有等到自己過生日的那一天。因為感冒引起併發症，爸爸的器官衰竭。皓怡飛回臺灣，直接去了醫院。爸爸躺在病床上，讓人感覺狀態還好，只是瘦了很多。醫生也說，爸爸恢復得不錯。

爸爸喜歡吃木瓜，木瓜對老年人消化比較好。臺灣有那種夏威夷品種的小木瓜，很甜。皓怡對爸爸說：「我已經買了木瓜，想吃的時候，我就切給您吃。」

爸爸入住的醫院離家不遠，皓怡與大哥住在家裡，每天去醫院兩三次。那天皓怡正在家休息，護士突然打電話給皓怡，說爸爸想吃木瓜。

皓怡馬上切了木瓜去醫院。等她趕到醫院，爸爸已被推進加護病房，不能再吃了。醫生簽發了病危通知書。

隨後，爸爸狀態再度穩定下來。晚上過了探視時間，皓怡和大哥只能返家。誰知回家不久，皓怡正在梳洗準備睡覺，護士又打電話過來說：「你爸爸不行了，趕快過來！」皓怡和大哥立即趕去醫院。

當晚，爸爸的心臟停止了跳動。彌留之際，爸爸躺在病床一動不動，子女們不斷在呼喚他。皓怡聽說，人要走的時候，聽力是最後消失的。如果是這樣，爸爸就會知道，皓怡和兩個哥哥都在他身邊。

劉家子女在父母面前從不撒嬌，沒有說要抱一抱。皓怡和哥哥都想最後抱一抱父親。身邊有道士在場，讓他們忍住悲傷，不要把眼淚滴到遺體上。道士說，如果淚水沾到遺體，往生者的魂會留戀親人，影響輪迴轉世。

父母過世，都是火化處理遺體，骨灰寄放在臺北市區善導寺。善導寺可能是當時臺北市區唯一可以存放骨灰處，祭拜方便。此後，每次回臺灣，皓怡都會帶著孩子，一起前往祭拜。她會對著骨灰盒說：「爸爸，媽媽，我們回來了，來看你們了！」

人生在世，生老病死，這是自然規律。父母活著時候，作為子女沒有辜負父母的期望就好。皓怡兄弟姐妹，個個有所作為，足以告慰他們的英靈。

皓怡結婚有了自己的家，無論是在印尼，還是在新加坡，總是一個臨時居所。父母所在的地方，才是自己真正的家。如今爸爸也走了，她再回臺灣，就有一種找不到家的感覺。

有一次，皓怡在臺北開著車，行駛在火車站前面的十字路口，不知道該往哪裡拐。她想，還要再回那個空房子嗎？她感到人生失去了方向。此後，皓怡較少再回臺灣，每次停留時間也很短。

爸爸在媽媽走後兩年過世，都是在四月清明時節期間。爸爸比媽媽年長十一歲。媽媽過世時七十一歲，爸爸過世時八十四歲。

四十七
重返印尼

在新加坡生活四年，皓怡終於重新踏上印尼的土地。雖然新加坡有吸引力，但廣泛的人脈關係還在印尼。新加坡人比較忙碌，即使有朋友，也是各有各忙，生活不像在印尼有氣場。皓怡與孩子們也逐漸認同印尼才是自己的家。

「如果繼續留在新加坡，孩子會很優秀，但我的半條命可能就沒了。」單獨照顧小孩壓力非常大，皓怡對先生說。

印尼進入民主改革時代，新的國家領導實行了一系列新政，包括廢除排華條例，開放中文教育，三語學校、華人社團與華文報刊逐漸興起。

回到印尼，小女兒長慧要參加一年級入學考試，結果老師對皓怡說：「你女兒不必讀小一，可以直接讀小二下學期。」說明長慧在新加坡所受教育，學業程度已經很高。

本來她在新加坡晚讀一年，此時又賺回一年。小女兒讀大學時，只有十六歲。

在先生忙於生意難以顧家的情況下，皓怡沒有讓兩個女兒輸在基礎教育上。兩個女兒都在新加坡接受高等教育，大女兒畢業於新加坡管理學院，小女兒畢業於南洋理工大學。

相夫教子，是皓怡婚後生活的兩大主題。事業有成的陳有瑞，積極投身於華人社團活動，並逐步獲得大家的認可。

二〇一四年二月，陳先生當選為第二十七屆（二〇一四年－二〇一七年）雅加達陳氏宗親會理事會主席一職。位於雅加達檳榔社第三街的陳氏祠堂，創辦於一八六一年（清朝咸豐十一年）。據《印尼雅加達陳氏宗祠史略》記載，「有瑞接任第二十七屆主席以來，秉持認真負責的態度，對於維修宗祠和安頓祖先牌位一事，任勞任怨，不敢懈怠。」

為了更新陳氏宗祠始祖畫像，皓怡和先生專程去臺灣，請設計師印刷並裝框，再寄來印尼。由於寄丟一次，只好重新製作一幅，並親自從臺灣拿回來。前後耗時數月。

皓怡在陳氏宗親會負責中文秘書工作，協助先生處理日常會務，組織開展公益活動，編撰出版紀念特刊。尤其是二〇一六年九月下旬，在陳先生的領導下，陳氏宗祠成功舉辦一百五十五周年紀念慶典，海內外宗親齊聚雅加達共襄盛舉，海外來賓多達兩百餘人。

陳先生還積極參加雅加達興安會館的活動，曾當選為興安會館財務長和副會長。陳先生的社會職務還有中華總商會名譽主席、百家姓名譽主席、印尼留台校友聯誼會名譽主席。曾被聘為臺灣「僑務促進委員」。

皓怡還跟隨先生參加「逍遙晨運會」十多年。每天早上走路運動後，大家在晨光中，喝咖啡，吃早點。先生們聊著生意和時政，太太們談著家庭瑣事和孩子，自由放鬆，快活自在，成了大家雷打不動的保留節目。

「逍遙晨運會」又稱「逍遙幫」，是雅加達北區Pluit一帶華裔聚集區晨運組織，多為原籍棉蘭的華人。除了晨運餐敘，也時常組織集體出國旅遊，足跡遍及五大洲許多國家。皓怡和先生帶著女兒一起旅行，是一家人的快樂時光。

二〇一六年九月上旬，陳先生和皓怡曾受中國使館邀請，隨留台校友聯誼會前往中國大陸座談觀光。一行人先後參加了中國僑聯和國僑辦舉行的座談會，並參觀了中國華僑歷史博物館、福州華僑中學和北京華文學院等。前往八達嶺、故宮、國家博物館、鳥巢、水立方等地遊覽觀光。

這一年，皓怡的人生幸福感達到一個高峰。十多年來，印尼政局穩定，經濟繁榮，華裔人士安居樂業。先生家族企業穩定發展，前景看好，先生行有餘力，貢獻社會，為人處世，有口皆碑。兩個女兒都已經成年，從大學畢業回到印尼。然而世事無常，皓怡的人生再度被改寫，而且來得如此突然，猝不及防。

二〇一六年十二月一日，雅加達在平靜中迎來新的一天，一切看起來都沒有什麼不同。本來皓怡要陪先生一起去談生意，陳先生讓大女兒長樂陪伴自己，為的是讓她多跟自己學做生意，何況八弟和侄兒（八弟孩子）也在。皓怡就沒有跟隨先生，而是和留台校友聯誼會會長陳惟文、副會長江月好及朋友出去談事。

中午時分，皓怡打電話給先生的侄兒，瞭解先生那邊的情況。侄兒說：「很順利，伯伯正在談事情。」

下午兩點多鐘，皓怡坐陳惟文的車回家，路上接到長樂打來的電話。皓怡一看是女兒電話，就有些緊張，又聽她問「爸爸急救的藥是哪個」，就覺得不好了。原來先生休息時，上了一趟衛生間，從衛生間出來，女兒給他端水喝。先生剛要接過水杯，全身突然就軟下來。

長樂找到急救藥，藥又餵不下去，爸爸的嘴巴打不開。於是大家立即開車把陳先生送往附近的醫院。皓怡讓陳惟文調轉車頭去醫院。

到了醫院，皓怡就往裡面跑。當她跑到急救室，看到先生躺在病床上，她來不及管太多，立即用雙手壓擠先生的胸口，進行人工呼吸。兩個同伴還幫她搓按手腳。

這時護士走過來對皓怡說：「我們已經在第一時間進行了搶救。你先生已經走了。」

皓怡女兒與八弟、侄兒等人站在一旁，八弟全身被汗水濕透，女兒也像傻了一樣。

印尼華社賢達陳有瑞先生就此匆匆離世，享年七十三歲。印尼華文報紙都有刊登訃告、輓告，中國駐印尼使館、臺北經貿機構、華人社團和媒體，紛紛表示哀悼或派代表親赴殯儀館弔唁。

由於先生的突然離世，皓怡的生活在一夜之間被改變了。在相當長一段時間裡，她不知道自己該做什麼事，似乎沒有一件事是必須要做的。

從相識到永別，歷時三十五年，結婚二十八年，緣分的確不算長。不過，除了無盡的悲痛，皓怡沒有後悔。對每個人來說，人生只是一個過程，她和先生在一起，沒有虛度光陰，無論苦和樂，都是攜手走過，不離不棄。人會永逝，愛會留下，兩個女兒都是先生留給自己最大的愛。

此後每到周年忌日，皓怡都會帶著女兒，到雅加達近郊的茂物市古農加東華人墳場祭拜。皓怡在先夫墓前上香獻花，播放他生前最喜歡的歌曲《綠島小夜曲》。

皓怡夫家早前在這裡購置了墳地，皓怡的婆婆和先生的大哥也安葬於此。在先生墓地旁，還為皓怡預留下一個墓穴。

皓怡對兩個女兒說：「將來我不想土葬在這裡，以免印尼局勢不穩時被人刨。」她接著又說：「若是火化，骨灰也不要埋在這裡，撒向大海吧！」

印尼排華勢力曾經蔓延到華人墓地。一九九〇年，萬隆地方政府下令清除華人墓碑上雕刻的中文碑文，所幸這個過分的政令最終被撤銷。

經歷過「黑色五月」的排華事件，皓怡心有餘悸。

四十八

寄情書法

二〇一八年四月，劉皓怡在臺灣「年代新聞」聚焦2.0節目出鏡。這是她相隔三十年首次在臺灣上電視節目。

主持人向觀眾介紹，劉皓怡當年主演的《浪子鷹娃》、《少林童子功》等電影，給臺灣觀眾留下深刻印象，由於她是以真功夫本色表演，被媒體稱作「永恆的女俠」。

這檔節目是圍繞健康展開的。皓怡稱，當年拍戲，常有受傷，包括膝蓋與腰椎，留下病灶。由於當時年輕，不是很在乎，只是貼貼膏藥、吃點中藥。後來到了更年期，病灶就開始顯現出來。

皓怡曾在新加坡看醫生，做過內視鏡手術。醫生說，膝蓋軟組織撕裂。隨著年齡增長，軟骨磨損，韌帶鬆弛，就會時常疼痛。走出喪夫的陰影後，皓怡重新開始保持適度運動。

皓怡在節目中展示了自己的國畫作品——仕女圖。這是她年輕時所畫。本來自己一直不滿意，也沒有繼續再畫。後來重新審視這些作品，她竟對當年的畫功有點吃驚，也終於自我認可了，這才拿出來與觀眾分享。她還展示了自己的書法作品「龍飛鳳舞」。主持人說，皓怡投入到藝術創作的境界時，可以持續數小時。皓怡自己說，有時甚至會畫到天亮。

皓怡上中學時，曾報名參加國畫社，學工筆，畫花鳥，練了一些基本功。後來出道拍戲，若有空檔就想畫畫。寫書法也是從小開始，時斷時續，從未放棄。

皓怡畫過很多仕女圖，因為上臺灣電視節目，她才想到要裝裱起來，以便向觀眾展示。作品裱過以後，感覺就不一樣。把裱過的書畫，掛在牆上，自我欣賞，更是一件開心的事。

從小到大，皓怡特別鍾情於書法藝術。臺灣小學就有書法課，兩岸的學生都有寫大字的基礎。皓怡一度喜歡臨摹文徵明的小楷千字文，欣賞書法大家的字帖，如米芾、王羲之、王獻之、趙孟頫、黃庭堅等。她的體會是，要多看、多寫、多學。她在上學時，也學過金石，喜歡刻印章。她和姐姐一起，跟國畫老師學習金石篆刻，還給父母長輩刻過印章。

皓怡不拍戲時，會和媽媽一起在社區上書法課。以她當時的心態，不是為了要當書法家，只是喜歡讓自己進入那種揮毫的狀態。

皓怡作為武林人士，何以對書法有一種天然的默契？後來她發現，武術與書法同理，可謂異曲同工，都具備內外合一、形神兼備的特點。而且武術與書法可以相參相悟，互為貫通。其實在中國歷史上，有很多武術家與書法家集於一身的名人，如戚繼光、岳飛、趙匡胤等。元末明初的武當派開山祖師張三丰，也有不少書法作品傳世。張三丰的書法有如他的武術，豪放不羈，恣意灑脫。

皓怡在印尼的生活安定下來後，重拾書法創作的興趣。她在社區附近參加書法班，結識同好，交流切磋。如果身邊沒有幾個書法愛好者，連筆墨都不知道在哪裡買。二十年前，也經常往返台北和兄長一起研究收藏高古玉，對於中華文化情有獨鍾。

皓怡在印尼先後有跟兩位老師學書法，其中包括在慈濟開班的楊老師。印尼佛教慈濟基金會副執行長郭再源的夫人林麗萍，也跟楊老師學書法。

慈濟書法班名為「相遇在慈濟」。教室的陳設典雅，周圍環境清幽肅靜。與其說是學寫書法，她更喜歡讓自己處於這樣一種肅靜的環境中。尤其是在先生過世後，這樣環境可以讓往事隨風而散，求得內心平撫。

慈濟有著許多與外界不同的規矩，人們進入慈濟要穿上鞋套，把隨身物品暫存櫃中。丟開一切俗物俗事，才能心無旁騖地鑽研藝術。皓怡也喜歡享用慈濟的齋飯。在這裡吃飯的人，都很自覺地排隊，沒有人大聲喧嘩。

後來，慈濟書法班因為場地要擴建，加上遇到疫情，暫時停止。在慈濟書法班休課期間，因疫情困守家中的皓怡，把大部時間放在練習書法上，也是她書法創作厚積薄發的一個階段。

二〇二〇年二月，印尼書法家協會與印尼書畫學院由胡素丹、阮淵椿等牽頭，動員全國五大城市（雅加達、萬隆、三寶瓏、泗水、棉蘭）四十多位書法界代表，共同為中國武漢抗疫行動加油，在國際日報推出聯版（兩個整版）書法作品專版，引起廣泛關注，帶動了華界向祖籍國捐贈抗疫物資的熱潮。

皓怡受邀為這一聲援武漢公益行動創作一幅「萬眾一心，武漢加油」的作品。報紙出版後，國際日報編輯在社交媒體上給她留言，在肯定這一書法公益行動的同時，也稱讚她的書法作品「端莊挺秀，骨力遒勁」，並且說「習武之人寫書法，起筆、運筆或與眾不同，進退有據，張弛有度，其風韻自成一家」。

九月底，中秋佳節將臨，編輯邀她創作一幅中秋應景之作，配發在報紙副刊。此時的皓怡，正想著普天下華人，因疫情而不能團圓，自己和哥哥、姐姐也被阻隔在大洋各處。於是有感而發，揮毫寫下唐朝詩人張九齡的詩句「海上生明月，天涯共此時」，以寄託自己和眾生的思鄉、思親之情。國際日報第二天就刊登出來了。

此後，皓怡陸續在國際日報發表數十幅書法作品。創作的衝動，讓她暫時忘記了疫情的煩惱，創作水準也在不斷提高。動力不僅來自報紙讀者的認可，還有文友與書友們在社交平臺的肯定。

皓怡與雅加達書法界最初的接觸，是去欣賞當地華人的書畫展。留台校友聯誼會舉辦弟子規大賽，曾邀書畫家阮淵椿現場揮毫。不久，皓怡便加盟胡素丹、阮淵椿主導的印尼書法家協會，並被聘任為名譽主席。疫情前，皓怡差不多每週去一次書法家協會會所，與大家學習交流，每每都有收穫，而不必只是自己在家「照鏡子」。

雅加達舉辦第三十四屆國際蘭亭筆會，皓怡受阮淵椿邀請參展，選取蘭亭序上的語句進行創作。由於印尼書法家協會與印尼書畫學院組織，皓怡的作品被頻頻收錄在書法專版，刊登在報紙上。

皓怡徜徉於黑白相間的世界裡，獨享著翰墨飄香的魅力，本來只為修身養性，恬靜自得，但經不住方家和同伴的一再鼓勵，遂有了舉辦個人書法展的念頭，給自己的人生留下一個小小的紀念。她把近兩三年來所寫的作品，一一拿出來，慢慢篩選並裝裱。

尾聲

當初從新加坡返回印尼，皓怡對先生說：「我不住大芒果街了，那裡很容易成為襲擊的目標。」

皓怡看到一個講述「黑色五月」的鐳射盤，殺人、放火、強暴的場景，看得人觸目驚心，也沒辦法看完，比她想像中還嚴重。

排華事件雖然過去了二十多年，期間每當總統大選年，華人仍會提心吊膽，不少人選擇暫時離開印尼。二〇一六年，華裔人士鍾萬學競選雅加達省長，網上就有許多針對華人的極端言論。

幾經選擇，皓怡和先生看中PIK高爾夫社區，這裡是填海造地開發的一處高檔社區。結果裝修還沒有完工，先生就走了。

為了散心，皓怡頻繁地往返於臺灣與印尼之間。哥哥、姐姐也勸她多出去走走，不要悶在家裡。由於孩子在印尼，皓怡放心不下，只有飛來飛去。

離開臺灣幾十年，她與臺灣朋友、同學的關係都疏遠了。那段時間，她能聯繫上的朋友與同學，都重新建立了聯繫。大學同學四十年沒有相聚，也有機會再次聚首。五十年沒有見面的小學同學和老師，也再次相見了。年過半百，每個人都有自己的經歷，都有自己的故事，回首往事，不免讓人感歎。

皓怡相處最多的，還是以前電影圈中的朋友。大家幾乎都處在健康保養階段，不再有年幼孩子的拖累。皓怡這位當年大銀幕的「武林公主」，正處於喪偶的人生低潮期，同伴們十分憐惜。所以只要皓怡說想到哪裡玩，大家就到哪裡玩，或唱卡拉ＯＫ，或共用美食。

常聚的朋友有蘇明明、金佩姍、大百合（歌手）、上官明莉、張富美（演員）等。多少往事盡在談笑中，雖然繁華落盡，但散落的花瓣洋洋灑灑。印尼在疫情初期，一罩難求，金佩姍還特別從臺北寄來幾盒口罩，讓皓怡戴在口上暖在心裡。

由於疫情，皓怡有兩三年沒有回臺灣了。隨著疫情逐漸消退，印尼政府重新打開國門，她盤算著什麼時候再次踏上返台的旅程。

以往她回臺灣最長間隔時間是半年，如今感覺自己與臺灣久違了。她想念臺灣的親友與美食，期待屆時大哥與姐姐也能從美國返台，兄弟姐妹疫後重聚。疫情在美國的肆虐階段，皓怡也十分擔心他們與家人。

皓怡年輕時愛吃，臺灣有名的小吃都吃過。和香港演員一起拍電影時，說起臺灣美食，她如數家珍。自從遠嫁印尼，她對臺北越來越陌生，無論吃飯還是逛街，都有當地親友當「地陪」。

皓怡最愛的還是小吃，最喜歡的還是逛夜市。姐姐愛吃不輸給她，每次從美國返台，必定先在餐廳吃一頓大餐，再去吃小吃。皓怡兄妹一定會去「都一處」吃醬肉燒餅、合菜代帽、小米稀飯，這是一家幾十年的老字號。還有桃園街和永康街的牛肉麵、粉蒸肉等。

中國有一句諺語——早把這件事「忘到爪哇國了」，可見印尼在人們的印象中，是多少遙遠的一個國度。而她就在這樣一個地方，度過自己的後半生。

三十年生活下來，皓怡與爪哇的關係千絲萬縷，在椰風蕉雨中，深深根植於這片熱土，感悟世事的變化無常、喜怒哀樂。人生就是一種歷練，歷練就是生命的修行。

皓怡做明星的人生階段遠去了。如今走在台北街頭，已經沒有人認識她，她完全感覺不到昔日的光鮮亮麗，甚至懷疑那段日子是否存在過。每當想起過去，就如同做夢一般。

「媽媽，你年輕時真的做過明星嗎？」有一次返台，大女兒長樂這樣問媽媽。

「媽媽當年小有名氣呢！」皓怡自謙地說。

「不是小有名氣，是名氣很大。」在一邊的皓怡小嫂說。

韶華易逝，紅顏易老。昔日大銀幕上的「武林公主」已經做了外婆。

浮生若夢，平淡歸真。未來還有期待，皓怡仍將繼續前行。

後記

三十年前結婚退影，我就有寫自傳的衝動。從小在父母親呵護下，我過著無憂無慮的生活，拜師學武，堅持不輟，並且學有所成，學有所用。人生之路可圈可點之處不少，我想把它們記錄下來。

大學期間，我通過甄選參加中影演員訓練班，無意間闖入電影圈，擁有一段夢幻般的人生經歷。從影近十年，我發揮自己的武術專長，主要演出武俠動作片。我先後主演、參演台港電影十二部，主演一部台灣電視連續劇，製作有關國術系列電視片，出版一張黑膠唱片。在上世紀八十年代影壇，可以說是「雁過留痕」。

我人生第二個不平凡的經歷，是作為台灣藝人遠嫁印尼。這是我自己的選擇，雖然過程一波三折，但我無怨無悔。尤其是經歷印尼排華事件，避居新加坡四年時間，讓我對印尼這個千島之國，經歷了從陌生、害怕到認同的一個過程。直到今天，我和兩個女兒已經深深根植於這個國家。

就像父母一九四九年從大陸隨軍退守台灣，雖然兩岸開放了，他們卻再不能回到過去的家園。我也如雁南飛，落戶爪哇島，隨著年深日久，與這片椰風蕉雨的熱土，產生了千絲萬縷的聯繫，也再不可能回到我魂牽夢縈的寶島台灣。現在我時常飛回台灣，我留戀眷村生活，留戀校園生活，留戀從影的日日月月，但我只是一個匆匆過客。

我已經走過自己人生的大部分旅程，回首往事，我慶幸曾有一個人與我親密相伴——那就是我的先夫。我在婚前就知道他身體不好，而我從來不認為那是一種羈絆，我們牽手共度一段有情有義、有苦有樂的生活。人會永逝，愛會留下，他留給我一份永遠的愛——兩個寶貝女兒。

女兒是我人生最大的滿足與驕傲，由於她們相伴我左右，我的餘生不會感到孤單。尤其是隨著大女兒婚後生子，讓我與先夫的血脈得以延續，讓那份愛得以延續。一代一代的人，重複相似而又不同的生活。就像父母當年在大陸，我在台灣，兩個女兒在新加坡，我的出生與待出生的外孫將在印度尼西亞，度過他們快樂的童年。有快樂、有愛的地方，就是家。

因緣際會，數年前在雅加達一次友人餐會上，我與印尼國際日報聞喜先生相識，他對一位台灣影星遠嫁印尼的素材頗感興趣。處在疫情之下的二〇二二年，他對我進行了七八次面對面的採訪，並以《椰城一簾煙雨》為題在國際日報連載。連載始於該年六月七日，載完於八月八日。國際日報是印尼最大的華文報紙，我的故事引起當地華人的關注，不少讀者表示，他們一直在追著看這個連載故事。

我的兩個女兒鼓勵媽咪把連載結集成書，以便更好地保存與閱讀，同時完成我最初的心願，讓我的人生不留白。在傳記付梓印刷之際，我以忐忑不安的心情，期待讀者通過一個平凡人物的故事，能給自己的人生之路有些許的啟發。誠能如是，我心已足。

劉皓怡

二〇二二年九月

國家圖書館出版品預行編目

椰城一簾煙雨：台灣武打影星劉皓怡小傳 / 聞喜
著. -- 臺北市：致出版, 2022.12
面； 公分
ISBN 978-986-5573-51-5(平裝)

1.CST: 劉皓怡 2.CST: 臺灣傳記

783.3886 111020475

椰城一簾煙雨
——台灣武打影星劉皓怡小傳

作　　者／聞　喜
出版策劃／致出版
製作銷售／秀威資訊科技股份有限公司
114 台北市內湖區瑞光路76巷69號2樓
電話：+886-2-2796-3638
傳真：+886-2-2796-1377
網路訂購／秀威書店：https://store.showwe.tw
博客來網路書店：https://www.books.com.tw
三民網路書店：https://www.m.sanmin.com.tw
讀冊生活：https://www.taaze.tw

出版日期／2022年12月　　**定價**／380元

致 出 版　　向出版者致敬